LETTRE A M. PIET

A NOIRMOUTIER

VOYAGE

A

L'ABBAYE DE LA TRAPPE

DE MELLERAY,

PAR M. EDOUARD RICHER.

CINQUIÈME ÉDITION.

A NANTES,

DE L'IMPRIMERIE DE MELLINET-MALASSIS,

A PARIS,

CHEZ RAYNAL, LIBRAIRE, *Rue Pavée*
St. André des Arcs.

1823

VOYAGE

A LA

TRAPPE DE MELLERAY.

JE vous ai fort peu entretenu, dans le récit des voyages que j'ai faits jusqu'ici, de ce qui est relatif aux mœurs. Cette étude exige qu'on séjourne dans les villes, et je n'ai fait que passer rapidement d'un endroit à un autre, examinant les sites pittoresques, les monumens curieux, les productions naturelles qui se présentaient à mes regards. Je vais vous parler aujourd'hui d'une institution morale plus importante qu'aucune de celles qu'aurait pu nous offrir la société, d'un couvent de Trappistes.

J'interromprai les détails concernant

la vie religieuse du monastère par de longues digressions qui nous mettront à même de juger cet établissement important d'après un mûr examen. J'y joindrai quelques renseignemens sur l'économie rurale; car si ces religieux sont nos modèles sous les rapports de la religion, il n'est pas moins vrai de dire qu'ils sont dignes d'être nos instituteurs en agriculture.

Sous ce double point de vue, la relation de ma visite à l'Abbaye de Melleray pourra piquer votre curiosité. L'Ordre des Trappistes, d'ailleurs, n'est plus connu en France que par tradition, et c'est quelque chose de voir reparaître le passé au milieu de nos récentes et fugitives institutions.

Il y a des mots qui agissent sur l'imagination avant même de s'en être rendu compte, tel est celui de *Trappiste*. Autrefois, quand la France était couverte de monastères, un voyage à la Trappe était déjà une circonstance remarquable, une époque dans la vie. Aujourd'hui que les idées sont si étrangement changées, qu'un épicuréisme insouciant a placé la morale dans les sens, qu'on ne trouve de vie que dans la lutte des intérêts sociaux, c'est un spectacle vraiment extraordinaire que celui de ces hommes qui ne tiennent compte ni des doctrines nouvelles, ni des exemples du monde, ni des agitations des peuples, et qui vont se confiner dans la solitude, pour y suivre des pratiques plus austères encore que celles de leurs prédécesseurs.

Curieux donc de voir par moi-même le tableau de ces mœurs si différentes des nôtres, je voulus aller demander l'hospitalité aux Religieux du couvent de Melleray (1). Ces bons Pères l'exer-

_____

(1) Ainsi nommé du mot latin *Mellarium*, et non pas Meilleray, comme on l'écrit souvent. Voici quelle est, suivant la tradition, l'origine de cette étymologie. Deux moines, sortis de l'abbaye de Pontron, pour fonder celle de Melleray, s'arrêtèrent dans la

cent envers tous les voyageurs. Cette coutume est un reste de la vie patriarchale qui ne s'est conservée que chez les peuples de l'Asie. Il y a quelque chose d'étrange à retrouver dans notre France inconstante et légère les usages primitifs du vieil Orient.

M. Auguste L*******, avec qui j'étais convenu depuis quelques jours de faire cette promenade, vint me prendre à la Chapelle-sur-Erdre (1). Nous nous embarquâmes au château de la Gâcherie. De là nous remontâmes l'Erdre jusqu'à Nort. Je vous ai peint précédemment les bords de cette rivière, je vous ai décrit les sites pitto-

---

forêt qui avoisine aujourd'hui le couvent. Ils trouvèrent dans le creux d'un vieux chêne *un rayon de miel*, et cette légère circonstance détermina le nom que porta dans la suite le nouveau monastère.

(1) La commune de la Chapelle-sur-Erdre est intéressante par ses sites, et elle mérite d'être plus connue encore, à-cause de la source d'eau minérale qu'elle contient.

resques qui l'embellissent. Il n'y avait de changement dans la physionomie des lieux, que celui que devait naturellement apporter la saison. Les oiseaux de passage avaient presque tous déserté cet espace solitaire, à l'exception de l'hirondelle de mer, dont le cri plaintif semblait surprenant sur les bords d'une rivière peuplée de tous les oiseaux des bocages.

Nous partîmes à pied de Nort ; nous traversâmes le bourg de Joué, la forêt de Vioreau tout entière, et nous arrivâmes à six heures du soir au bourg de Melleray, où l'on nous indiqua le chemin de l'Abbaye.

Nous suivîmes d'abord de petits sentiers couverts et bordés de prairies. Nous entrâmes plus loin dans un grand bois de chênes. Ces arbres, droits comme des sapins, pressés les uns contre les autres, dépourvus de branches latérales, étaient d'une hauteur remarquable. Les derniers rayons du jour se perdaient dans leur feuillage ; le vent s'était apaisé , et le silence de ces lieux était en harmonie avec leur obscurité. Je ne sais quoi de tranquille semblait détacher l'ame des occupations du dehors, avant d'entrer dans l'asile où elles finissent pour toujours.

A la sortie du bois, nous aperçumes un vaste étang (1), et plus loin les murs de l'Abbaye.

Jamais solitude ne fut mieux choisie pour un cloître, jamais aussi paysage ne me parut plus romantique. Les bois couronnaient tout notre horizon ; le milieu de cet espace était rempli par le mobile miroir des eaux , qui reflétaient dans leur sein la couleur d'un ciel orageux , tandis que leurs bords, plus sombres encore, réfléchissaient l'ombre épaisse des arbres et les murs grisâtres du monastère.

____

(1) Cet étang offre une superficie de six hectares

L'édifice, aperçu dans le lointain, offre un aspect imposant. Il date de l'année 1132 (1); mais il a été reconstruit dans le dernier siècle. L'architecture moderne en est d'une belle régularité. C'était un ancien couvent de Bernardins; ainsi le cloître est rendu à sa destination primitive. En avançant, nous entendîmes le chant mesuré des Religieux. Le silence de la nature, troublé par ces seules voix, semblait encore plus majestueux. Nous marchions lentement comme si nous eussions craint de détruire le solennel de cette impression. Quelque chose d'auguste semblait nous entourer : on eût dit que le bruit de la vie, comme dans le *don Carlos* de Schiller, expirait dans ce désert tranquille, pour faire place aux concerts de l'autre monde.

---

(1) Le monastère de Melleray fut le premier du diocèse de Nantes qui reçut des moines de Citeaux; sa fondation précéda de trois ans celle de Buzai.

(8)

Nous nous rappelâmes simultanément ces vers de l'un de nos poëtes les plus gracieux :

Ici viennent mourir les derniers bruits du monde ;
Nautonniers sans étoile, abordez, c'est le port !
Ici l'ame se plonge en une paix profonde,
Et cette paix n'est pas la mort.

Nous sonnâmes au portail extérieur : le Frère-Portier nous fit entrer dans la maison. Nous traversâmes en silence les longues arcades du cloître, où nous n'apercevions que les vêtemens blancs des Trappistes qui se détachaient de l'ombre des murs. Nous entrâmes dans le parloir, où l'on nous laissa seuls.

Devant nous était un portrait en grand de Saint-Bernard, le premier fondateur de l'Ordre ; car les Trappistes sont des Bernardins réformés. L'abbé de Rancé trouvant la vie de ses Religieux peu d'accord avec celle de leur patron, tourmenté par des remords de conscience, et voulant expier par une vie austère les désordres de sa jeunesse, institua en 1663, dans son couvent de la Trappe de Mortagne, la réforme célèbre qui porte son nom.

Nous étions occupés à considérer les traits de cet éloquent abbé de Clairvaux, qui eut une influence si marquée sur l'esprit de son siècle, lorsque la porte du parloir s'ouvrit. Deux Trappistes, d'un âge avancé, entrèrent lentement ; c'étaient deux Religieux de Chœur. Leur vêtement était une longue robe de laine blanche, leur tête était rasée et couverte d'un capuchon ; ce costume antique est d'une simplicité frappante. La *caule* des Pères est absolument sur le modèle de la toge romaine. Les deux Religieux s'approchèrent de nous sans proférer une parole, et se prosternèrent à nos pieds. Je ne sais quelle émotion électrique me saisit tout-à-coup : ces hommes, à qui tous les trésors de la terre n'arracheraient pas une bassesse, se jettent aux pieds de leurs semblables ! C'est qu'en rendant au dernier de ses hôtes un hommage que nous ne payons pas même aux Rois, le Trappiste ne peut rien faire de plus pour honorer les grands de ce monde, et l'égalité civile est consacrée par son humilité chrétienne.

Après s'être relevés, les deux Pères nous firent signe de les suivre. Ils nous conduisirent à l'église, où ils nous donnèrent le tems de faire une prière. Ils nous ramenèrent ensuite au Parloir, et l'un d'eux nous fit à haute voix la lecture d'un chapitre de l'*Imitation de J.-C.*

Tandis que ces deux Religieux se retiraient, le P. Hôtelier entra. L'office de ce Père est de recevoir les étrangers et de les entretenir, pendant le tems de leur séjour au couvent. Il a en conséquence la permission de parler. On ne peut se faire une idée de la complaisance de ce bon Père. Les soins les plus minutieux, les attentions les plus délicates, rien ne lui coûte. L'hospitalité est son ministère, et il s'acquitte de ce devoir, devenu un acte de religion, autant par amour du prochain que par dévotion.

Après une courte conversation, le P. Hôtelier nous engagea à assister à *Complies*. Nous retournâmes avec lui à l'église. Le premier Religieux qui entra sonna la cloche; un autre lui succéda : tous remplirent ainsi cet office à leur tour. Les Religieux de Chœur se placèrent dans une estrade, au haut de la nef; les Frères Convers, habillés de brun, restèrent à l'entrée. Je ne pouvais me lasser d'examiner ce qui m'entourait. La croix, les chandeliers, les ornemens de l'autel même sont de bois; la lampe et l'encensoir seuls sont garnis de cuivre au-dedans. Tous les métaux sont exclus du temple de ce Dieu qui, pour fouler aux pieds les grandeurs de la terre et nous apprendre à nous en détacher, naquit dans une étable, et dont le berceau ut une crèche.

La simplicité qui règne dans cet asile s'étend aussi sur le costume. Tous les rangs sont confondus sous un vêtement commun. Le Révérend Père Abbé n'a de plus que les autres qu'une croix pectorale de buis soutenue par un cordon violet, un anneau au doigt et la crosse de bois des anciens évêques.

L'office commença. Pour la première fois, dans le cloître, j'entendis la voix des Religieux; car ces hommes, voués au silence, ne se font ouïr qu'aux pieds des autels. Je fus frappé du chant auguste des Pères : ce n'est point le *plain-chant* de nos églises. Les Trappistes, désireux de se rattacher aux cérémonies de l'église primitive, ont quitté le chant grégorien pour celui des premiers fidèles, qui est d'une simplicité plus convenable, ce me semble, aux prières d'un solitaire. Parfois c'est un récitatif plus qu'un chant ; mais il y a une impression plus forte encore dans ces accens qui se précipitent.

Un tableau de la Vierge était placé devant nous ; au bas on lisait ces paroles de l'écriture : *Venez à moi, vous tous qui êtes chargés et fatigués, et je vous soulagerai.* Quel est donc le charme de la vie religieuse, puisqu'un Trappiste la regarde comme un soulagement des agitations de la nôtre ? Après *Complies* , tous les Frères allèrent se prosterner à la file dans le milieu de l'église, et restèrent long-tems dans cette posture. Il se fit d'abord un profond silence, pendant lequel on n'entendait que le pendule de l'horloge qui battait les secondes. C'était comme la voix du tems qui venait s'associer à la pensée de l'éternité. On entonna ensuite le *Salve Regina.* Ce chant est du plus grand effet. Un seul Religieux, du fond de la nef, commence majestueusement la prière ; tous les autres, courbés vers la terre, lui répondent d'une voix sourde et prolongée : il semble que ce soient les accens de la douleur qui succèdent à ceux du triomphe.

Cette dernière cérémonie est vraiment sublime. La prière est une communication de l'homme avec Dieu, et rien n'émeut davantage que cet appel de la terre au ciel, de la faiblesse à la puissance. « Pourquoi te pros- » terner, dit au prêtre un philosophe » moderne, tu seras toujours assez » près de terre. » Oui, sans doute. « Mais l'homme, dit un Trappiste » dont j'ai la lettre sous les yeux, ne » me semble jamais mieux à sa place » que quand il s'humilie devant son » auteur (1). »

____

(1) Point de religion sans prière, a dit *Voltaire*. Qui ne prie plus est mort, dit l'auteur des *Soirées de Saint-Pétersbourg* ; la prière, ajoute-t-il, est, dans l'ordre spirituel, la dynamique confiée à l'homme. C'est dans ces dispositions religieuses que l'esprit s'exalte davantage et acquiert une plus juste idée de lui-même. C'est ce qui faisait dire à Pythagore que l'homme prenait une nouvelle ame devant les autels. Par la prière, écrivait Mme de Staël,

Après le *Salve Regina*, les Religieux allèrent un instant au Chapitre. Au signal donné par le Supérieur, ils tombent tous la face contre terre, et restent dans une immobilité complète. Le *miserere* fini, ils se relèvent et, pour se rendre au *Dortoir*, passent l'un après l'autre devant le P. Prieur, qui leur donne de l'eau bénite à la porte, à tous en particulier. C'est une dernière bénédiction qui termine tous les exercices de la journée.

Tout montre dans cette pieuse retraite l'image des premiers tems du Christianisme. On y voit dans tout son

l'on parvient à sentir son Dieu près de soi , comme un ami. C'est par le pouvoir de la prière que Sainte-Thérèse avait été conduite à pénétrer les plus hauts secrets de la nature humaine. *Le ciel*, dit-elle, DANS LA SEPTIÈME DEMEURE DE L'AME , *n'est pas le seul séjour de Dieu, il en a aussi un dans notre ame qu'on peut appeler un autre ciel.* Ce sont ces vérités sublimes que l'évangile annonce elle-même dans les termes les moins équivoques : *ne savez-vous pas que le royaume de Dieu est en* VOUS.

éclat cette religion qui est venue humilier l'orgueil, et dont le divin fondateur s'est nommé *le fils de l'Homme.* Ce titre si simple a exprimé toute la faiblesse de la nature à laquelle il s'était soumis ; mais il a rendu en même-tems le nom d'homme si sacré à nos propres yeux, qu'aucun autre ne peut être au-dessus. Les rangs qu'établit la vanité disparaissent devant ce sublime niveau de la religion.

De l'église nous retournâmes au *Parloir*, où l'on nous donna à souper. Notre table était servie sinon avec recherche, du moins avec soin. Il n'y avait ni viande, ni poisson ; mais les légumes, les œufs, le laitage étaient apprêtés avec moins de frugalité qu'on aurait dû s'y attendre. Ces bons Pères, qui se refusent jusqu'au plus simple nécessaire, sont réellement prodigues envers leurs hôtes. Le contraste de la mollesse du monde et de leur austérité les récompense de ce que celle-ci a de plus sévère, et peut-être leur cœur s'applaudit-il tacitement en voyant tant-de choses qui n'ont plus d'attrait pour eux. C'est ainsi que les disciples de Pythagore faisaient servir sur leur table un repas somptueux, qu'ils renvoyaient à leurs esclaves.

Nous nous couchâmes de bonne heure; mais il nous fut impossible de fermer l'œil. L'impression que nous avions reçue était trop forte et trop récente. Pour moi, je ne pouvais me faire à l'idée d'être couché dans un couvent de Trappistes. Tout ce que j'avais lu de cet Ordre fameux me revenait à la mémoire, et je comparais mes souvenirs à mes sensations.

Je réfléchissais à cette foi sincère qui ne se paie d'aucun bien temporel, et qui regarde avec dédain les richesses et les voluptés. La philosophie religieuse, comme la philosophie stoïque des anciens, considère la douleur avec mépris; mais elle n'a pas besoin, comme l'autre, des hommages des hommes ; car l'espérance est avec elle.

Ce qui aide aux Trappistes à supporter les privations de tout genre, c'est encore une vertu chrétienne, le plus doux penchant du cœur, la charité. Cette vertu qui met sous la sauve-garde du respect divin la versatilité de nos amitiés humaines, cette vertu qui fait qu'on aime Dieu dans son prochain, les unit par la bienveillance. L'égalité dans les relations de la vie, les mêmes intérêts, les mêmes espérances, le bonheur d'être ensemble, tout en fait une société de frères. Dans le monde ce sont des intérêts opposés qui désunissent ; ici ce sont des vertus rivales qui attachent (1).

____

(1) Nous ne sommes pas dans la voie de la vérité quand nous agissons dans une vue d'intérêt personnel, de gloire, de réputation, de fortune, et nous n'obtenons la vie spirituelle que par la prière,

C'est une espèce de phénomène moral qu'une foi si vive et si sincère dans le siècle où nous vivons. Le spectacle de la veille m'avait causé

---

l'humilité du cœur et surtout la charité. *Quand je parlerais le langage des anges*, dit Saint-Paul , *si je n'ai point la charité , je ne suis qu'un airain retentissant. Quand j'aurais le don de prophétie , que je comprendrais tous les mystères et que je connaîtrais tout , et que j'aurais une foi capable de transporter des montagnes , si je n'ai point la charité , je ne suis rien. Quand je donnerais tout mon bien aux pauvres , que je livrerais mon corps pour être brûlé , si je n'ai pas la charité , cela ne me sert de rien.* Dans l'ordre spirituel , la charité nous unit à la grande *unité* du monde moral , tandis que notre intérêt propre , ramenant tout à nous seuls , nous en éloigne. On peut dire de ceux qui ont la charité , qu'ils ont , comme dit encore Saint-Paul , la loi écrite dans le cœur. Ceux-là seulement , disait J. C. à son père , *sont un en nous : je suis en eux et vous êtes en moi.* C'est encore ce qu'expriment ces mêmes paroles de J. C. : *C'est à cette marque que tout le monde reconnaîtra que vous êtes mes disciples.* On ne saurait se lasser de répéter cette vérité : l'évangile ne renferme pas seulement les enseignemens moraux les mieux appropriés à cette vie , il dévoile aussi les mystères les plus cachés de la nature secrète de l'homme.

des impressions dont je cherchais à me rendre compte. Je tâchais de m'expliquer cette croyance si ferme. J'avais vu la nature humaine sous un aspect nouveau, et l'énigme de l'homme me semblait moins mystérieuse dans un couvent de Trappistes.

Quelque extraordinaire que paraisse le bonheur d'un Trappiste, c'est pourtant cette vérité qu'il faut reconnaître quand on est entré dans le monastère. Serait-ce, comme on l'a dit, que l'austérité dans les principes donne au sentiment plus de profondeur et de durée? Serait-ce, comme on le croit vulgairement chez les philosophes, que l'homme s'attache d'autant plus à l'objet de ses désirs que cet objet le rend plus malheureux, et veut-on expliquer la félicité d'un Trappiste comme l'attachement d'un Lapon à ses neiges, à ses glaces, à sa patrie ingrate? Toutes ces opinions s'évanouissaient pour moi, comme des songes, et la religion, en me faisant pénétrer plus avant dans le cœur humain, me dévoilait la cause réelle du bonheur attaché à ses préceptes sublimes.

Il existe pour nous une autre source de félicité que celle que comporte notre organisation physique. L'homme n'a pas été créé seulement pour sentir. S'il n'était qu'un animal, né pour se reproduire, comme ses frères, et mourir, il n'éprouverait pas ce vague dégoût des choses sensibles, cet élan même vers l'inconnu, qui sont dans sa nature. Ses besoins satisfaits, il s'endormirait sans éprouver le tourment de la pensée.

Quand l'homme n'envisage que le monde physique, quand tous ses désirs aboutissent au présent, il reste en lui des forces, pour ainsi dire, inutiles, qu'il retourne contre lui-même. Il ne lui faut que des sens pour se mettre en rapport avec la nature, et cependant il a un superflu de vie, si l'on peut s'exprimer ainsi, qui demande un aliment que la terre ne peut lui fournir. Le supplice de Tantale, penché vers l'onde qui fuit ses lèvres, est une faible image du tourment de celui qui est livré ici-bas à ses sens seulement. Une étincelle d'une nature céleste s'agite en nous; elle cherche en vain le centre dont elle a été détachée; elle entrevoit la lumière dont elle émane, et s'afflige de ne pouvoir se confondre avec elle.

Le premier regard que l'homme jette dans la vie atteste le besoin de son cœur. Faible atôme perdu dans la foule des êtres, placé sur un globe qui n'est lui-même qu'un atôme, il lève vers l'Eternel un front où se peint sa noblesse : il est concitoyen des cieux par la pensée. Borné à quelques jours de souffrance, il rêve un bonheur sans fin.

Tes destins sont d'un homme et tes vœux sont d'un Dieu

Ce vers, qu'un poëte illustre adresse à l'orgueilleux, caractérise l'homme tout entier. On voit en lui, dès sa naissance, un être qui n'est pas en harmonie avec la nature physique qui l'entoure.

Dans les jours de l'enfance, nous sentons déjà, à notre insçu, ces idées indéterminées de félicité qui nous agitent. Dans la mobilité de nos désirs, nous voudrions sans cesse nous transporter où nous ne sommes pas. L'avenir s'ouvre devant nous sans horizon, et une répugnance amère nous saisit partout où nous apercevons des bornes. Nous sommes remplis d'une rêverie vague à l'aspect d'un paysage lointain. A la vue de l'oiseau rapide, qui traverse l'immensité de l'espace, nous voudrions comme lui nous élancer vers ces régions ignorées qu'il va parcourir ; mais, hélas ! nous ne les convoitons si ardemment que parce que nous ne les connaissons pas.

Créés pour l'infini, tout nous accable quand nous nous abimons dans le sentiment d'une existence passagère. Notre vie est tout entière en perspective dans l'avenir. Ce qu'il y a de plus précieux pour nous, c'est ce que nous découvrons confusément dans les nuages de l'espérance. Sitôt que nous obtenons une vue claire et distincte des choses que nous désirions connaître, nous n'y songeons plus. Telle est la misère secréte de l'homme que le sentiment qui le transportait hier d'une joie ineffable ne lui inspire plus aujourd'hui que l'ennui, et qu'il faut sans cesse des choses nouvelles pour lui donner du plaisir.

Quand, sur le rivage des mers, nous considérons l'arc brillant du ciel se mêlant avec l'azur des flots, ne nous semble-t-il pas qu'il y ait là une sphère plus lumineuse, une patrie inconnue du bonheur ? Nos regards et notre pensée sont tournés vers le lointain radieux; mais, y arrivons-nous, tout est semblable à ce que nous avons quitté. Des flots tumultueux, d'un vert sombre, remplacent l'espace qui nous semblait une mer argentée. La vision qui nous charmait a disparu, ou plutôt elle est maintenant à l'horizon opposé. Nous ferions le tour du globe en la poursuivant, et, revenus aux lieux d'où nous serions partis, nous retrouverions encore toute la solitude de notre cœur.

Ce désir qui nous tourmente, cette faculté de s'imaginer toujours quelque chose de mieux que ce qu'on a vu, ne se manifeste pas seulement dans l'espace, il se fait aussi sentir dans le tems.

Détruisant nos jouissances à mesure qu'elles naissent, nous en voyons continuellement de plus vives dans les jours qui ne sont pas encore; mais ces jours se succèdent en vain, rien ne réalise les promesses de la vie;

l'avenir se rit de nos désirs comme la distance abuse nos regards. Rien n'est changé, tout est semblable au passé. Insensés! nous croyons que le bonheur nous a échappé, nous cherchons de nouveau à l'atteindre, et, les bras tendus vers une chimère qui s'évanouit toujours, nous arrivons ainsi jusqu'à la mort.

En vain nous demandons le bonheur à l'espace, au tems : rien de tout cela ne peut le procurer. Quand il ne consulte que ses sens, l'homme est un être qui ne vit pas selon sa nature. Il ne ressent en lui qu'une fatigue de la vie, qu'une *difficulté d'être* comme l'appelle un poëte allemand.

C'est inutilement qu'une sagesse vulgaire nous conseillera de nous maîtriser nous-mêmes, de rester en paix au milieu de ces illusions, ainsi que le sage dont parle Horace; ces conseils sont hors de saison. Sans une autre vie que la vie matérielle, nous ne pouvons pas nous arrêter dans la carrière : ce n'est pas par elle qu'on trouve le repos sur la terre.

Pascal a eu raison de le dire, et Young de le répéter après lui, le conseil tant vanté que donnait Cynéas à Pyrrhus était un avis insensé. Pyrrhus aurait conquis le monde entier qu'il n'aurait pas encore trouvé le repos. Levant au ciel un regard désolé, il aurait demandé, comme Alexandre, d'autres mondes à conquérir. Interrogez celui qui a soumis l'univers, celui qui s'est rassasié de toutes les grandeurs de la terre, il va vous dire ce que c'est qu'un trône : *quatre morceaux de bois dorés recouverts d'un morceau de velours.*

Ne nous abusons pas volontairement. Il n'y a dans l'homme qu'un sentiment qui donne la paix. Hors de là nous ne faisons que nous traîner en haletant sur la route de la vie. Quand la religion n'est pas là pour donner de la réalité à nos espérances ; tout est illusion, l'amour, la fortune, et la gloire elle-même, que nous qualifions d'immortelle. Le savant, le poëte s'imaginent que l'ouvrage qu'ils composent, que ces lignes où leur ame respire les conduiront à l'objet de leurs vœux, leur vaudront des amis qu'ils ne connaissent pas, le but atteint les conduira seulement à mépriser ce qu'ils avaient tant souhaité et à désirer encore.

Ce ne sont point ici, sur l'humanité, de tristes plaintes entassées à plaisir. C'est l'exposition véritable de l'état dans lequel l'homme se trouve lorsqu'il s'attache à *la vie passagère à laquelle il est lié accidentellement*, et qu'il oublie *la vie éternelle qui le constitue radicalement*. Oui, c'est avec raison que les poëtes ont appelé le bonheur un rêve ; c'est avec raison aussi que les ames sensibles ont dédaigné ces distractions frivoles que les disciples d'Epicure ont nommées le plaisir. Il n'est pas un homme qui, comparant le peu qu'il a obtenu avec ce qu'il avait souhaité, ne dise, comme l'Ecclésiaste, à ce plaisir passager : *Pourquoi m'as-tu trompé?*

La figure de ce monde passe, dit S.-Paul, et cependant, loin d'être troublé de cette fuite rapide, il y a je ne sais quoi d'inquiet et d'inégal dans l'homme qui en accuse la lenteur. Nous voudrions que le plaisir lui-même se précipitât pour arriver à son terme. Le tems et la liberté, qui seuls devraient donner du prix à la vie, nous pèsent au point que nous ne sommes en repos que quand nos occupations futiles nous étourdissent, et que nous perdons à nous oublier le peu de loisir qu'elles nous laissent.

Sans doute tout n'est pas malheur dans le monde ; mais, comme l'a si bien dit un poëte, le jour du bonheur, sur cette terre, n'a pas de lendemain. De plus, la vie humaine dans son ensemble, et on la suppose toujours réduite à elle seule, peut-elle jamais être appelée un bonheur? Qui de nous, on l'a dit cent fois et l'on a voulu refuter à tort cet argument sans replique, qui de nous voudrait revivre aux conditions qu'il a vécu?

En vain nous appelons les arts, l'amour, l'amitié au secours de nos chagrins. Sur des tapis de roses nous oublions le tems qui s'envole, ou plutôt nous n'y songeons que pour mieux jouir encore. Notre cœur palpite de joie, nous respirons un air qui porte avec lui l'enivrement. Cependant, dans cette ivresse voluptueuse, quelque chose de plus vif que le regret s'élève dans nos cœurs; nous sentons avec amertume que nous avons besoin de nous étourdir pour savourer nos tristes plaisirs.

Mais quoi! l'âge de la folie s'est déjà écoulé! Pourquoi ces rides qui

viennent sillonner le front de la beauté ?
La voix qui portait le trouble dans
nos sens, aux beaux jours de la jeunesse, nous laisse insensibles dans l'âge
mûr, et l'imagination, autrefois si
brillante, ne peut plus créer un voile
qui cache à nos yeux les réalités de la
vie.

Le cours silencieux du tems, indépendamment de toutes les distractions,
nous amène toujours à un désen-
chantement total. Il est un âge où la
vie, nouvelle encore, conserve tous
ses charmes, où nous n'apercevons,
nous ne soupçonnons pas même l'infortune. Chacune de nos sensations est
un battement de joie. Environnés de
tous nos proches, il semble qu'il y
ait une génération toute entière qui
nous protége. Nous avançons dans
le tems comme dans notre domaine.
Le cœur se promet tout ce que l'imagination espère. Tout est brillant
devant nous comme le soleil à son
midi.

Bientôt les années se succèdent. Après avoir éteint, dans de tristes études, les sensations si vives de l'enfance, le jeune homme est de retour sous le toit paternel. Qu'y aperçoit-il ? Les riantes visions qui l'avaient charmé sur le seuil de la vie se sont dissipées pour jamais. Il regarde autour delui, il redemande ceux qu'il a quittés, et il soupire. Il songe à la mort, au tems qui efface tout, et une secrète mélancolie s'est emparée de son cœur.

Hélas ! chacun de nous ressemble à cet enfant. Chaque lustre qui s'écoule amène un changement dans le monde. L'univers se peuple tous les jours de nouveaux hôtes, avec lesquels nous ne sommes plus en rapport par le charme des souvenirs. Ceux que nous respections nous abandonnent pour entrer dans la tombe ; nos contemporains remplissent les premiers rôles ; mais ces acteurs si brillans, jadis nos rivaux, ne nous semblent plus, par le secret mépris que nous concevons de nous-mêmes, que des pygmées. Nos regards daignent à peine s'arrêter sur la génération qui va prendre place parmi les hommes et qui bientôt nous éclipsera à son tour.

Le passé seul devient à nos yeux l'âge d'or, et ces jours qui ne reviendront plus se changent en souvenirs délicieux pour mieux nous tourmenter. Nos espérances déçues ne nous font envisager le présent qu'avec répugnance. Nous ne pensons pas que l'instant qui s'échappe vaille la peine d'être poursuivi : nous sommes sur la terre comme si nous n'y vivions plus. Rêvant après je ne sais quelle volupté idéale qu'elle ne peut réaliser, le bonheur qu'elle offre est une illusion qui n'a pas le pouvoir de nous séduire. Nous n'avons plus assez de crédulité pour être heureux encore. En vain la voix des passions nous entraîne vers de nouvelles jouissances, en s'y livrant il est au fond du cœur quelque chose d'amer. La plaie est faite. Désormais elle saignera toujours. Nous nous dirons plus d'une fois en goûtant le plaisir : il passera bientôt.

Il reste encore pour l'homme une source immense de félicité, c'est celle qui résulte des soins de famille. Sans doute, c'est une jouissance délicieuse, quand on a le bonheur de ne trouver ni des parens dénaturés, ni des frères avides, ni une épouse infidèle, ni des enfans ingrats. Mais ce bonheur, tout vif qu'il est, combien est-il court ? Nous ne connaissons les auteurs de nos jours, dont les conseils nous ont guidés dans l'enfance, que pour les regretter quand nous en aurions le plus besoin. En vain nous les redemandons alors pour nous fortifier dans l'infortune ; en vain, si le destin nous sourit, nous voudrions les associer à nos triomphes rapides. Sans eux notre joie est incomplète, le malheur nous frappe doublement. Hélas! celui qui nous a donné le jour n'est plus qu'une poussière qui attend la nôtre.

S'il n'y a pas de satisfaction comparable à celle que donne l'union de deux époux, qui confondent dans un même destin leur cœur, leur fortune et leur être ; il n'y a pas non plus de malheur égal à celui des deux époux que le sort condamne à survivre à l'autre. Philémon et Baucis n'ont existé que dans les fables. Si c'est une fatalité attachée à notre destinée de ne pouvoir goûter le bonheur dans nous-mêmes, c'en est une plus grande de ne pouvoir le trouver constamment dans les autres. Ces regards qui nous séduisent, cette bouche qui nous sourit, tout cela est d'un être passager comme nous, et il n'y a que dans l'invisible que se trouve cet amour éternel qu'appellent nos désirs et qui peut les satisfaire.

En supposant que la vie fût toujours

heureuse , que serait-ce donc qu'un bonheur dont chaque heure qui s'enfuit nous enlève une portion ? Peut-on rester sous le charme quand on songe que chaque minute est un pas vers le terme ? La part de la mort , si l'on peut s'exprimer ainsi , n'est-elle pas dans toutes nos sensations? Que d'amis nous quittons pour ne plus les revoir ! Que d'objets même se présentent à notre vue pour n'y plus reparaître ! L'homme n'est heureux, dit Pascal, que par légèreté. L'enfance n'est si folàtre que parce qu'elle ne pense point. Tous nos soins aboutissent, comme on le dit vulgairement , à passer le tems ; c'est-à-dire à oublier le torrent qui nous entraîne pour nous réveiller plus loin. Notre exis-tence est si misérable qu'il nous faut le voile de l'ignorance pour nous la faire supporter , et , comme le dit si bien l'auteur de Corinne , *ce n'est que la merveilleuse illusion de l'oubli qui fait aller le monde.*

Nous avons beau nous étourdir au dehors, si nous croyons fermement que notre vie se termine au néant, nos plaisirs les plus vifs sont empoisonnés dans leur source. Que sera-ce si nous en appelons aux prestiges de la richesse, aux illusions du pouvoir, aux vanités de la science ? *J'ai voulu connaître la doctrine et les erreurs*, dit l'Ecclésiaste, *et c'est une affliction d'esprit. J'ai vu que, sous le soleil, le prix n'était point pour celui qui avait le mieux couru, ni le triomphe pour le plus courageux, ni la faveur pour l'artiste le plus habile.* Combien d'hommes ont voulu se consoler d'une vie passée dans la tristesse par le désir de la gloire ! Mais, de toutes les illusions, celle-ci est la plus vide. Ils ont usé leurs jours dans des veilles laborieuses, pour plaire aux hommes, à des êtres, dit Marc-Aurèle, qui se déplaisent à eux-mêmes dix fois le jour. Forcés de leur vivant de respirer, pour ainsi dire, par le souffle d'autrui, après leur mort ils ont acquis un nom, c'est- à-dire un bruit, dit le même philosophe, qui s'élève dans un coin de la terre et qui meurt aussitôt.

Que reste-t-il de ces puissans monarques qui voyaient tant de peuples s'incliner devant eux ? Un nom et un tombeau ! L'homme est éteint, et sa réputation n'est plus que sur les lèvres de l'indifférence ; sa poussière est-elle réveillée par cette voix qui répète son nom ? Et ce monde lui-même, où l'ambitieux jouait un rôle si brillant, qu'est-il autre chose, sinon une demeure d'un jour ? Des cités populeuses qui gîsent dans les déserts, des colonnes brisées qui rampent sur les sables, des tombeaux, des cendres, des ruines et, au milieu de tout cela, une génération née d'hier qui s'agite sur ces débris, comme si elle devait vivre toujours, n'est-ce pas un spectacle qui atteste assez le néant de nos grandeurs ?

Mais, dira l'égoiste, ce ne sont pas des plaisirs éternels que donnent le pouvoir et la fortune, mais des plaisirs d'un moment et qui par cela même donnent un prix à la briéveté de la vie. Aveugles que nous sommes, qu'est-ce que les Rois peuvent nous donner ? Ajouteront-ils une heure à notre vie ? Ont-ils *l'éternité pour y puiser des jours*, comme s'exprime Job. « Je les ai vues, ces fragiles » grandeurs, écrivait Nécker dans » l'exil, et, dans les plus beaux jours » de mes illusions, mon cœur s'est » toujours retiré vers une idée plus » grande. C'est peu de chose que tout » ce qui est personnel, que tout ce » qui range les uns à quelques lignes » au-dessus des autres. »

Observons les grands à l'instant où un malheur imprévu les avertit qu'ils sont des hommes. L'élève chéri de

Fénélon, le duc de Bourgogne expire. On s'empresse autour de sa veuve désolée : *oui, princesse aujourd'hui, répond-elle à ceux qui l'environnent, demain plus rien, et dans deux jours oubliée !* »

Abdérame III, Calife de Cordoue, meurt. On trouve dans ses papiers l'écrit suivant : « Cinquante ans se sont » écoulés depuis que je suis Calife. Ri- » chesses, honneurs, plaisirs, j'ai joui » de tout, j'ai tout épuisé. Les Rois, » mes rivaux, m'estiment, me re- » doutent et m'envient. Tout ce que » les hommes désirent m'a été prodigué » par le ciel. Dans ce long espace d'ap- » parente félicité, j'ai calculé le nombre » des jours où je me suis trouvé heu- » reux : ce nombre se monte à qua- » torze. Mortels, appréciez la gran- » deur, le monde et la vie. »

Mais si l'existence est désenchantée quand on la considère dans sa réalité, si elle est vide sitôt qu'on cherche à en jouir dans l'oubli de l'autre vie et dans l'ivresse des sens, les idées religieuses elles seules nous font éprouver une volupté céleste. C'est avec raison que l'instituteur divin du Christianisme disait que sa religion était faite pour consoler les malheureux. C'était dire qu'elle était faite pour tous les hommes.

Sans doute il connaissait les misères de notre condition, celui qui a peint l'homme sous cette parabole touchante: Tant que l'enfant prodigue s'est laissé entraîner par des voluptés mensongères, il a oublié sa patrie; mais quand il s'est aperçu de la réalité de ses misères, quand il s'est vu réduit à envier le sort des brutes, il s'est dit : *je me leverai, et j'irai à mon père.*

Si la religion nous rend nos plaisirs des sens si amers, c'est parce que l'infini et le tems ne peuvent s'accorder ensemble. Mais si nous attachons l'idée du tems à ce qui est fait pour passer , et celle de l'éternité à ce qui doit nous survivre , ne regardant plus cette vie que comme un pélerinage , nous entrerons dans l'autre dès ce monde , et nous goûterons tout le bonheur dont notre nature morale est susceptible.

Il y a sans cesse ici-bas une lutte chez les ames sensibles , dont elles ne connaissent pas la cause. Le repos les fatigue , et cependant elles sont tentées de croire toujours que le bonheur n'est que dans le sentiment confus d'un éternel repos. C'est qu'un monde où tout passe n'est qu'une prison incommode pour une ame immortelle. A mesure que nous nous identifions davantage avec les objets périssables, nous sentons de plus en plus les futilités de l'existence qui nous séduit et le besoin de la vie réelle qui nous manque.

Les choses de ce monde nous trompaient quand nous leur demandions le bonheur. Eh ! tout cela était-il en rapport avec un être qui ne doit jamais finir ? Nos vains désirs proclamaient notre dignité, et notre inconstance même, suivant la remarque d'un philosophe de Port-Royal, était encore notre plus grande vertu.

En avouant nos misères, en les reconnaissant pour ce qu'elles sont, nous échappons à leur empire ; le dégoût, l'ennui, l'inquiétude, voilà le partage de notre nature matérielle. Une félicité sans bornes est ce qui appartient à notre intelligence quand elle s'élance dans la divinité. Il n'y a de grandeur véritable que dans cet enthousiasme religieux qui plane au-dessus des maux d'ici-bas pour se perdre dans la sphère qu'habite l'Eternel. Il n'y a de volupté réelle que dans ce sentiment qui arrache l'homme à lui-même pour le confondre avec l'être inconnu qui lui a communiqué la vie.

Nous avons bien assez de nos besoins journaliers pour nous attacher au sol qui nous porte. Ne cherchons pas volontairement à rentrer dans l'existence matérielle. Si nous avons été doués d'une ame grande, c'est la respecter et l'élever que de lui donner pour appui les idées religieuses. Ah! ne le sentons-nous pas en nous-mêmes ? Plus nous quittons le sol de la terre, l'atmosphère des petites passions, plus notre ame s'agrandit et prend je ne sais quel sentiment de dignité, de fierté envers elle-même. L'enthousiasme religieux repose la pensée en même-tems qu'il lui donne de nouveaux alimens, et c'est avec lui seulement qu'on est calme et fort tout-à-la fois.

La vie religieuse seule nous promet des sensations capables de remplir l'ame tout entière. Rien n'est petit ni faible avec elle. « Que croyez-vous, » dit l'auteur des *Inductions physio-* » *logiques*, que demande au ciel cette » femme du peuple prosternée au pied » des autels. Elle demande une chose

» que ne peuvent lui donner tous les
» rois de la terre : elle ne désire rien
» moins qu'une éternité de bonheur.»

Ne dégradons pas la noble image qui
s'est refugiée dans nos cœurs. Tout ce
qu'il y a de beau , de glorieux même
dans l'existence , c'est la religion qui
l'inspire. Il n'y a de générosité , de
désintéressement , d'humanité , de
vertus réelles qu'avec elle. Notre
raison égoïste, dans ses mépris insensés,
ne nous indique que des plaisirs périssables. Dans ses étroits calculs , elle
n'entrevoit que le bien-être, ne respecte
que la puissance , n'estime que la
fortune et semble imputer à tort tout
ce qui n'est pas le succès.

Chercher à s'enivrer de ses propres
misères, donner des noms pompeux
à ses occupations frivoles , voilà le
partage de la société; la religion , au
contraire , nous aide sans cesse à nous
perdre dans l'infini et fait disparaître
en nous cette inquiétude qui nous suit

parlout, ce sentiment pénible d'une existence d'un jour.

Cette philosophie populaire, qui repousse la religion comme une faiblesse, non-seulement affaisse l'homme dans la vie corporelle ; mais elle détruit le seul ressort qui produit les grandes choses. Elle rétrécit l'horizon moral et borne toute notre demeure à l'étroit séjour qui nous renferme. Elle compte la vie par minutes et place le bonheur dans la boue que nous foulons aux pieds.

La vie nouvelle que la religion développe en nous n'est pas seulement le gage de notre immortalité, c'est aussi l'indice de notre dignité. Elle seule inspire ce mélange de sévérité et de tendresse qui fait que l'on se respecte dans l'objet aimé. Elle seule rend l'homme fier et humble, soumis et indépendant. Par elle, l'ame acquiert cette énergie qui la rend supérieure à l'injustice, et cet attendrissement qui la porte à aimer les faibles et les opprimés. Par elle, on soutient avec calme les atteintes du malheur, et l'on sourit à la mort au milieu des triomphes de la gloire et de toute l'énergie de la jeunesse.

Tout sur la terre repousse l'homme religieux pour le forcer à s'attacher davantage à ce monde qui renferme tout ce qui a été grand, vertueux, aimable et digne d'amour. Il demande un ami, il ne voit partout que des associés de fortune, et pas un cœur qui comprenne le sien. Il cherche un appui parmi les grands, et il ne voit chez eux qu'une ambition intéressée. Il veut se réfugier dans la douce pensée de l'avenir, et une foule enivrée de ses misères le rebute par ses mépris.

Laissons-les donc, ces êtres frivoles, qui n'ont besoin, comme l'enfant, que d'un coin pour exercer leur empire, que d'une heure pour être heureux. Croyons en ces facultés qui murmurent chez nous d'une vie si basse ; c'est l'instinct même de la nature, c'est l'ame qui se plaint de ce qu'on l'emprisonne dans les doubles liens de l'espace et du tems.

Nos facultés morales se changent en remords quand elles n'ont pour s'exercer que les objets de ce monde ; ce sont, au contraire, des instrumens de bonheur quand elles nous ouvrent les richesses inépuisables du monde intellectuel, quand elles s'emparent de l'avenir, comme de leur domaine, qu'elles ressaisissent le passé, et qu'elles font entendre dans notre cœur la voix de l'ami qui n'est plus.

Peut-on se mettre en harmonie avec la nature elle-même si l'on n'est pas doué de ce sentiment vainqueur qui nous détache entièrement de la poussière de ce monde ? Il n'y a ni philosophie, ni poësie même hors de cette source des émotions impérissables. Comment considérer l'univers avec admiration si l'on ne voit en lui que l'œuvre du hazard ? Sera-ce à ses dernières molécules que nous nous adresserons dans les douleurs qui nous persécutent, ou bien à ces gaz impalpables promenés çà et là par les tempêtes ? Mais si Dieu est avec nous, tout ce que nous voyons dans la nature est sa pensée, sa prévoyance et son amour, et les élans de nos cœurs même sont des témoins qui attestent une correspondance muette avec l'essence divine.

Dès cette vie l'on entrevoit, par la religion, l'aurore de cette félicité céleste qui luit déjà sur le juste. Dans nos futiles occupations, attachant l'idée de l'infini à ce qui passe, nous n'éprouvons qu'une jouissance imparfaite ou une inquiète satiété. La religion seule nous transporte dans un séjour qui n'a plus de limites, où le tems s'arrête sur nos plaisirs sans les flétrir. Remplis d'une ivresse paisible, si nous

jetons un regard sur le séjour que nous
laissons loin derrière nous, nous voyons
du même œil, ainsi que l'Eternel, le
conquérant qui meurt ou le mou-
cheron qui tombe, un atome ou des
astres se réduire en poudre, une
bulle d'eau qui éclate ou un monde
entier qui disparait.

A hero perish or a sparrow fall... (POPE).

Il en est des hommes religieux au
19.ᵉ siècle à peu près comme de ceux
qui ont embrassé le christianisme lors
de son établissement. Immédiatement
avant cette religion, le polithéisme
avait encore ses dogmes, ses fêtes,
ses mystères ; mais la conviction religieuse n'existait plus. Attaché au
réel de la vie, l'homme accueillait
l'idée d'une vie future comme une
fable. Si la morale se parait encore de
ces sentimens religieux qui n'ont de
base que dans le cœur, c'était plus par
respect que par croyance. On applau-
dissait à la philosophie de Cicéron,

comme au talent ; mais on croyait à celle de Lucrèce comme à la vérité. La force était le seul frein politique des peuples, et la puissance seule était déifiée.

Dans cette existence purement temporelle on remplaçait l'espérance par la volupté. Détaché de ce qu'on ne croyait plus, on oubliait dans les sens les nobles consolations de l'ame. Rien ne suffisait pour remplir le vide du cœur. En vain l'on plaçait l'oubli et la résignation sur les bords du tombeau, les ames sensibles étaient blessées de cette vie sans avenir, et rien, hors un bienfait passager, ne pouvait partir des Dieux-Empereurs qui gouvernaient le monde. Sans doute quelques sages, parvenus au comble des honneurs, se disaient comme César : *Est-ce tout?* Plus d'une mère éplorée demandait à la nature, sur le tombeau d'un fils, une garantie des espérances du Phédon. Hélas ! ces vœux de la tendresse étaient regardés comme des faiblesses d'esprit. L'incrédulité avait tout détruit, et le regard découragé cessait d'interroger un Ciel devenu d'airain pour se fixer sur une terre qui dévorait ses habitans.

De nos jours, l'abus des lumières a produit chez quelques hommes, les mêmes dispositions. Pour remplacer l'espérance religieuse, l'on cherche inutilement les distractions du présent. Le tems *dévore ce règne d'un moment*, suivant l'expression du poëte ; on se voit avancer vers l'avenir comme si l'on était emporté vers le néant, et l'on se dit amèrement comme Sophocle : *Qu'est-ce qu'un jour ajouté à un autre, pour reculer l'instant de la mort, peut apporter de plaisir ?*

La religion est aujourd'hui comme autrefois le seul remède quel'on puisse appliquer à cette inquiète et douloureuse maladie de l'ame : elle se présente avec son austérité, et chacun de ses sacrifices est payé d'une espérance. La morale évangélique, comme la fontaine de Jouvence, revient régénérer l'univers abattu. Quand il n'y a dans le cœur de l'homme d'autre divinité que l'or, quand il n'y a de respect que pour la puissance et d'égards que pour la prospérité, la religion du Christ nous offre pour modèle un Dieu né dans l'asile d'un obscur artisan, un Dieu dont le sceptre a été un roseau, et qui n'a pas eu sur la terre *où reposer sa tête.*

J'étais plongé dans ces réflexions quand j'entendis le bruit de la cloche qui appelait les Religieux à Matines. De tems à autre ce son grave se répétait sous les arcades, et tout rentrait dans le silence. Je fus fâché de n'avoir pas prié le P. Hôtelier de venir me chercher pour assister à cet office. Cette église éclairée d'une seule lampe, qui jette une lueur incertaine au milieu, tandis que les extrémités sont dans les ténèbres, le silence de la nuit troublé au-dedans par ces voix pieuses, et au-dehors par le seul murmure des vents, tout cela doit porter à l'ame une impression profonde. C'est comme un souvenir des Catacombes, et ce qui doit rendre l'illusion plus complète, ce sont le costume, les chants et les usages de la primitive église.

A la pointe du jour, lassés de chercher un sommeil qui nous fuyait, nous nous levâmes. Bientôt après, le P. Hôtelier vint s'informer de nos nouvelles. Nous descendîmes avec lui à l'église où nous assistâmes à la messe. Le prêtre qui officiait avait une simple chasuble de laine avec des rubans de laine d'une couleur différente. Je remarquai qu'après la communion il embrassait le diacre à l'autel. C'est le *baiser de paix* des premiers chrétiens. Les jours de fête, tous les Religieux qui sont dans le chœur s'embrassent ainsi les uns les autres.

Pendant l'office, je vis des Religieux quitter leur place et aller s'agenouiller sur les marches du sanctuaire : c'était une pénitence publique que leur règle leur imposait. Quand ils arrivent trop tard à l'office, quand ils se troublent par une méprise, ou en oubliant de chanter ou d'imposer ce qu'ils ont à dire, pour réparer cette négligence ou cette omission, ils vont ainsi se prosterner devant l'autel, et ne se relèvent qu'au signal du Supérieur. Celui-ci est soumis aux mêmes réglemens, mais il n'attend de personne le signal de se relever.

Tant de pratiques peuvent sembler minutieuses; mais c'est quelque chose qui porte à son comble dans l'homme la force du sentiment que de faire de l'existence entière un culte qu'on n'interrompt jamais.

En sortant de l'église, nous allâmes au Parloir, où nous déjeûnâmes. Nous eûmes la visite du P. Prieur, qui remplaçait le R. P. Abbé , alors absent du couvent. J'ai eu depuis occasion de voir le R. P. Abbé lui-même , et je ne puis vous peindre tout le charme de sa conversation. Il a cultivé autrefois les sciences exactes , afin de se mettre au niveau de son siècle , car nous sommes actuellement en France un peu comme à la Chine où les sciences faisaient passer la religion avec elles.

Le P. Hôtelier vint nous prendre au parloir à l'issue de notre déjeûner, et il nous conduisit dans le monastère que nous vîmes avec quelque détail.

Nous entrâmes d'abord dans le dortoir, qui est une longue galerie dont les deux côtés sont occupés par de petites cellules séparées et sans porte. Deux planches, un oreiller de paille, une couverture de laine, voilà le lit d'un Trappiste. C'est là qu'il se repose des fatigues de la journée. Il n'y a de distinction pour personne. La

cellule du R. P. Abbé est au milieu
du dortoir , et son lit n'a rien de plus
que celui des autres. Autrefois la
réforme de l'abbé de Rancé permettait
de se servir d'une paillasse piquée.
Les moines du couvent de Laval , les
seuls qui soient soumis à cette réforme, s'en servent encore aujour-
d'hui.

Ils vont se jeter sur ce lit sans se
déshabiller , car ils ne peuvent se
servir de linge sous quelque prétexte
que ce soit. Ils se couchent à 8 heures
du soir , et se lèvent le lendemain
matin à une heure et demie. Le R. P.
Abbé est toujours levé le premier de
la communauté ; c'est lui qui sonne
la cloche qui appelle les religieux à
Matines. En été , on accorde une
heure de sommeil après le dîner.
En hiver, on ne fait point de méridienne , mais on se couche à 7
heures.

On pourrait observer que cette

vie austère est contre nature ; mais la religion a d'autres lois que la société. Le cœur ne peut être régi par les préceptes de l'économie humaine. Le culte de l'évangile est celui de la douleur. J.-C. appelle heureux ceux qui souffrent. La vie religieuse, d'ailleurs, comme l'a dit un écrivain célèbre, est un combat et non pas un hymne (1).

____

(1) Tous les physiologistes savent que l'hygiène morale est bien différente de l'hygiène physique. Tout ce qui nous détache de la vie sensuelle tourne à l'avantage de l'ame. L'homme pense d'autant plus, dit un médecin célèbre, qu'il est moins sensitif. L'ame est opposée au corps, ajoute-t-il : la vie de l'une fait la mort de l'autre. C'est ce qu'expriment ces paroles de Saint-Paul : la vie de l'ame et celle du corps sont *contraires et inalienables.*

Les philosophes anciens, sans s'être élevés jusqu'au christianisme, ont rendu témoignage à ces vérités. C'est en raison de ce principe que l'ame cesse ses fonctions sublimes dans le commerce du corps, que les prêtres d'Egypte et quelques sectes de philosophes grecs vivaient dans la retraite et dans

Du *dortoir*, nous allâmes dans le chapitre. C'est une grande salle où les Religieux s'assemblent à des heures déterminées pour y faire des lectures

l'abstinence. Cratippe avait accoutumé de dire , au rapport de Cicéron, que plus la partie de l'homme capable d'intelligence se trouvait séparée du corps , plus elle était vive et vigoureuse.

Cette vérité n'est pas seulement adoptée par la philosophie et l'Ecriture , elle l'est encore par la science moderne la plus rigoureuse et par une métaphysique supérieure. Les institutions religieuses, dit Spurnzheim , qui , pour amortir les passions , ont institué le jeûne , ont reconnu l'influence du physique sur le moral. L'austérité, qui ne donne rien ou peu aux sens , ajoute l'auteur de *la Philosophie divine* , approprie l'être à une manière plus parfaite de voir et de juger. Pour entrer dans l'immortalité, dit-il ailleurs , il faut que l'ame soit purifiée de la rouille qu'elle a contractée en s'unissant aux voluptés grossières. C'est pourquoi Saint-Pierre a dit : *abstenez-vous des convoitises qui font la guerre à vos ames.*

On attribue ces paroles à des philosophes arabes cités par l'écrivain religieux qui a caché son nom sous celui de Keleph ben-Natham: « Prenez le chemin royal de l'abnégation et de l'anéantissement; à force de battre ce chemin , où on pieuses , et s'accuser à haute voix les uns les autres des fautes qu'ils ont commises contre la règle. C'est ce qu'ils appellent *se proclamer*. A l'extrémité

---

ne voit encore rien, on parvient à cette retraite sacrée où on ne voit plus que Dieu seul. » Cette pensée est une confirmation de celle-ci de Saint-Paul: *à mesure que l'homme extérieur décheoit l'intérieur se renouvelle.*

Tout homme , disait Socrate, cité par Barthelemy, qui, renonçant aux voluptés sensuelles a pris soin de son ame seule , doit être plein d'une entière confiance , et attendre l'heure de son trépas.

C'était une opinion répandue chez tous les grands hommes de la Grèce et de Rome, que l'ame, déchue d'une origine céleste , se corrompait dans son union avec des organes grossiers , témoins ces vers si connus de Virgile :

Igneus est ollis vigor et cœlestis origo
Seminibus , quantùm non noxia corpora tardant ,
Terrenique habetant artus moribundaque membra.
Hinc metuunt cupiuntque, dolent gaudentque; neque auras
Dispiciunt clausœ tenebris et carcere cœeo.

(Virgile. Enéide, livre VI.)

De la divinité ce rayon précieux ;
En sortant de sa source est pur comme les cieux :
Mais , s'il vient habiter dans des corps périssables ,

de la salle est un Christ au bas duquel sont écrits ces mots fiers et soumis à la fois : *Soli Deo honor et gloria.* Autour de la chambre on lit des

---

Alors, dénaturant ses traits méconnaissables,
Le terrestre séjour le tient emprisonné ;
Alors des passions le souffle empoisonné
Corrompt sa pure essence ; alors l'ame flétrie
Atteste son exil et dément sa patrie.

(Traduction de DELILLE.)

L'auteur de *l'Art de perfectionner l'homme* cite le passage suivant des philosophes platoniciens, dont M. de Maistre appelle si heureusement la doctrine la préface humaine de l'évangile : « Tant qu'on n'est pas dépouillé de toute substance mortelle, on n'aperçoit le monde qu'au travers de la matière dont nos sens sont formés. Le corps, aggravant sans cesse l'ame d'alimens et de boissons, la fixe sur la terre par autant d'attaches. S'enfonçant de plus en plus dans le sépulcre du corps, elle rabaisse tous ses regards vers le sol, comme si c'était son lieu natal.

« Mais, lorsque détrompés de leurs illusions par les vicissitudes perpétuelles de la terre, et, telles que des prisonniers échappés de leurs fers, nos ames reprennent la voie sacrée, elles se replient sur elles-mêmes, ferment toutes les issues par lesquelles

6

sentences extraites des livres saints,
et analogues aux sentimens dont
doivent être pénétrés les auditeurs de
cette morale chrétienne. Ce sont comme

elles se dissipaient et se mettent à l'unisson du grand
Esprit qui fait mouvoir toute la nature ; elles ne
revoient plus leurs corps que comme un lieu
d'exil ; elles sont sur la terre comme n'y étant
point ; elles en ignorent les affaires inconstantes
pour s'attacher aux objets immortels, comme les
seuls réels.

» Tels sont ces hommes simples comme des
enfans. Incapables d'acquérir ou de conserver des
richesses, indifférens à tout, sans s'affliger de l'ad-
versité ou se réjouir de la prospérité, soumettant
leurs corps et le macérant par des austérités, ils
amincissent le voile au travers duquel l'ame n'a-
perçoit que les ombres passagers d'un autre
univers. »

C'est ainsi que la philosophie antique justifie
elle-même les sublimes préceptes du christianisme;
voilà pourquoi l'évangile nous impose des privations corporelles de tout genre. C'est de cette
manière que s'expliquent les austérités, les
jeûnes, les macérations des Trappistes qui révoltent
le philosophe sans qu'il s'en soit rendu compte.
Ils mettent en pratique ce conseil de Saint-Paul:

des voix d'en haut qui leur rappellent leurs devoirs. Ici on lit : *Cultus justitiæ silentium* ; là : *sedebit solitarius et tacebit* ; plus loin : *Mens justi meditatur obedientiam.*

Nous visitâmes la boulangerie, la cuisine, enfin toute la maison.

L'importance des détails dans lesquels je vais entrer ici excusera à vos yeux leur aridité.

Au pied de l'étang sont deux moulins

---

si vous vivez selon la chair vous mourrez ; mais si par l'esprit vous mortifiez les actions de la chair vous vivrez.

Enfin pour eux , comme pour Hamlet , il n'est qu'un point à éclaircir :

To be , or not to be , that is the question.

La vie , c'est l'esprit de Dieu qui opère en nous; la mort c'est la nature extérieure, qui passe et qui se détruit journellement sous nos yeux. Sur cette terre , la vie que nous respirons est la mort , bien qu'elle comporte le mouvement avec elle ; la doctrine évangélique au contraire donne la vie, bien qu'elle prêche sans cesse de mourir au monde.

à eau, établis pour les besoins de la communauté. L'eau du premier fait mouvoir le second, situé à cent pas plus loin. Le premier, qui est en même-tems le plus grand, était alors le seul qui fût en activité. Au lieu de nos grandes meules, qui marchent lentement, on y avait adapté, comme on le fait en Angleterre, des meules de quatre pieds de diamètre, et, au moyen d'une fusée qui accélère et multiplie le mouvement, avec deux fois moins d'eau on faisait moitié plus d'ouvrage.

Mais les objets les plus curieux et les plus importans du monastère sont la laiterie et la vacherie. Le lait et le beurre sont assez bons dans le canton qu'habitent ces Religieux; mais on n'y apporte pas, comme eux, tous les soins qu'ils exigent. La laiterie est une espèce de cellier taillé dans le roc, et qui, conservant mieux l'équilibre de sa température, est relativement plus chaud en hiver et plus frais en été.

Elle est composée de quatre pièces, y compris une petite remise ou l'on dépose les ustensiles qui servent à traire les vaches, battre le beurre, etc. La première de ces pièces est le fourneau. C'est là qu'on fait le beurre et qu'on travaille un fromage ressemblant à ceux de Hollande, et connu en Angleterre sous le nom de *House hold cheese*. On y trouve une grande chaudière dans laquelle on tient toujours de l'eau chaude pour le service de la laiterie.

La seconde chambre sert à mettre les fromages sous la presse et à les sécher. La troisième est le dépôt du lait. Elle contient huit tables en plomb d'une surface assez considérable, sur deux pouces et demi de profondeur. Le lait est apporté sur un tonneau posé sur un brancard, et on le verse dans ces réservoirs. A mesure

qu'on en a besoin , et avant qu'il ait
eu le tems de se décomposer , on le
tire pardessous , au moyen d'un
piston. Pour avoir la crême dans
toute sa fraîcheur , on la lève avec
un écumoir peu d'heures, après que
le lait a été déposé. Quand les plombs
sont vides , on les lave avec de l'eau
bouillante et du sel , pour enlever les
parties grasses qui y seraient encore
adhérentes.

L'extrême propreté de ce lieu , le
soin qu'on a pris d'y conserver autant
que possible une température égale ,
tout est fait pour servir de modèle à
ces établissemens qui pourrissent ,
comme l'abbaye , un grand nombre de
vaches.

La vacherie est construite avec
autant de goût que de soin , et elle
contraste en tous points avec les étables
de nos pays. Elle a été faite sur les
dessins d'un ami de la maison , qui
joint à beaucoup de zéle de grandes

connaissances en économie rurale.
Elle a à-peu-près cent quatre-vingts
pieds de longueur. A chaque extrémité
sont des magasins pour le foin. A l'une
d'elles se trouve une cuisine, où l'on
fait chauffer l'eau, cuire des légumes,
et où, pour économiser le lait, on
pratique une opération qui serait peu
profitable en petit, mais qui l'est
beaucoup en grand. Voici en quoi
elle consiste :

On met environ cinq livres de foin
de bonne qualité dans une chaudière,
qui contient de huit à dix seaux d'eau.
On la recouvre exactement. On la
fait bouillir pendant un quart d'heure.
Cette eau devient d'une couleur brune
et prend une odeur et une saveur
agréables. Pour la blanchir, on y mêle
un peu de lait, ou simplement de la
farine, ou du son. Elle sert alors à
la nourriture des jeunes veaux. Ils la
boivent avec la même avidité que le
lait, et quand ils sont un peu forts,

il n'est plus nécessaire d'y ajouter quelque chose qui trompe leurs yeux.

L'étable est ouverte par devant, et partagée en plusieurs *Stalles*, devant chacune desquelles est un abavent qu'on peut abaisser pour préserver les vaches du froid, de la chaleur ou des mouches. Chaque *stalle* a six pieds de largeur et sert pour deux vaches : au milieu est un râtelier qui s'avance en éperon, et où ces animaux peuvent manger tous les deux sans se toucher, étant attachés par une chaîne fixée à un poteau aux deux cloisons opposées de la stalle. Ces cloisons sont en planches. A côté du râtelier, chaque vache a devant elle une auge qui peut contenir deux seaux, et où l'on met les *turneps*, betteraves, pommes de terre, etc.

Derrière les stalles est un grand couloir de deux pieds de largeur, couvert comme l'écurie. C'est par là que, sans être incommodés des bestiaux , on met le foin dans leur râtelier , et que , par une porte à coulisse , on passe les légumes dans leurs auges. A côté du couloir , on remarque une espèce de caisse qui lui est parallèle, où l'on dépose d'avance la nourriture de chaque jour.

La vacherie est pavée en pente. Tous les jours les vaches sont changées de litière , et le fumier se place sur une ligne de six pieds de profondeur qui occupe en avant toute la longeur de l'étable. Ce long cordon d'engrais peut être élevé de quatre ou cinq pieds: il a l'avantage d'offrir , durant l'hiver, un abri commode. Les urines surabondantes vont tomber dans une citerne, d'où on les puise , comme en Suisse , pour arroser les jardins , les prairies , ou pour saturer les terres avec lesquelles on forme des *compôsts*.

Les taureaux et les jeunes veaux sont renfermés dans des loges particulières. Les vaches malades sont séparées des autres.

Indépendamment de leur beau trou-
peau de vaches, les Religieux possèdent
cinquante mérinos de la Bergerie
Royale de Clermont, que le Gouvernement leur a donnés à Cheptel.

La sensation profonde que nous
éprouvions dans l'intérieur du monastère ne nous quittait point en
étudiant des objets si différens de
ceux qui nous avaient frappés d'abord.

Au milieu des ustensiles les plus
vulgaires, nous apercevions partout
l'image du Christ ; c'est ainsi qu'une
pensée austère nous saisit tout-à-coup
au milieu des frivolités de la vie. Le
P. Hôtelier répondait avec complaisance à toutes nos questions, et les
frères que nous rencontrions s'em-
pressaient de nous montrer, le sourire
sur les lèvres, mais par gestes seulement, les objets les plus propres
à piquer notre curiosité. Il y avait
vraiment quelque chose de mystérieux
dans cette langue des signes. On eût

cru voir ces esprits bienheureux , dont parle Bernardin-de-Saint-Pierre , dont la nature est de s'aimer , et qui n'ont pas besoin de rendre le sentiment par des pensées et l'amitié par des paroles.

Nous entrâmes dans tous les ateliers remplis par des Frères Convers. Ces Frères qui , pour la plupart , n'ont pas reçu d'éducation ,et qui appartiennent d'ordinaire à des professions d'ar-tisans, les exercent encore au couvent. Tous les métiers mécaniques sont de leur ressort. Rien de ce qui s'emploie dans la maison n'est travaillé par des étrangers : ayant fait vœu d'être pauvres et de n'être à charge à personne , les Trappistes gagnent eux-mêmes leur vie à la sueur de leur front.

A la vue de tout ce mouvement , il semble que le monastère soit changé en un atelier général , où la plupart des arts mécaniques utiles à la société

s'exécutent avec intelligence et économie. C'est l'idée la plus parfaite
d'une république dirigée par un con-
cours unanime de toutes les volontés
vers un même but, et tandis que
nous créons chaque jour des *utopies*
sur lesquelles nous ne cessons de dis-
puter, la religion réalise sous nos yeux
tout ce que la fable, plus consolante
que l'histoire, nous a rapporté de la
félicité des premiers hommes.

Ils ont une forge dans laquelle plusieurs Frères Convers sont occupés.
On y fait des bêches, des haches,
des serpes, des clous; on y exécute
en serrurerie et en maréchallerie tout
ce qui est nécessaire au monastère.
On y ferre les bœufs et les chevaux.
Ceux-ci sont ferrés à la française et
à l'anglaise. Cette dernière manière
est plus élégante, mais moins solide
que la nôtre. Les fers, appliqués à
froid, sont plus étroits que ceux
que nous employons; ils sont garnis,

à leur extrémité, de deux crochets pour empêcher le cheval de glisser, et, dans le demi-cercle, est une rainure dans laquelle sont pratiqués six trous pour les clous qui y sont à tête perdue.

Ailleurs, on fabrique de la toile et des étoffes qu'on emploie au couvent. Dans un autre endroit, on tanne des cuirs, qui sont consommés pour les besoins des Religieux ou pour les harnois de leurs chevaux. Les Trappistes s'adonnent avec succès à cette branche d'industrie, et livrent même au commerce quelques cuirs tannés dans leur établissement. Ils ont fait, dans ce genre, un essai, qui ne peut manquer d'être imité. Ils ont employé de la vieille écorce, ainsi qu'on le fait en Angleterre, et ont trouvé que les peaux préparées de cette matière étaient aussi bien tannées et desséchées que si l'on s'était servi de jeune écorce. Seulement, quoique cela ne nuisit point à la qualité des cuirs; ils avaient pris une couleur noirâtre.

Enfin, nous assistâmes à tous les travaux. Nous vîmes des maçons, des menuisiers, des charpentiers, des charrons, des relieurs, des ferblantiers, des tailleurs, des cordonniers, etc.

Je ne détaillerai pas ici tous les métiers cultivés par un si grand nombre de Frères, venus là de tous les pays et de tous les états, et conservant, dans la vie religieuse, le goût, l'habitude, le besoin même de leurs anciennes occupations; j'ajouterai seulement un mot sur la brasserie.

On y suit les mêmes procédés qu'en Angleterre. On y a établi des fourneaux pour la drèche. Les premiers essais des Religieux ont complétement justifié les espérances qu'ils avaient conçues; et la bierre fabriquée chez eux est, sans aucune comparaison, supérieure

(375)

à celle de Nantes et d'Angers. Aussi,
de ces deux villes et de celle de
Rennes... est-il fait des demandes
auxquelles les Trappistes ne sont pas
encore en état de suffire. Ils ont l'intention de cultiver le houblon, et si cet
essai leur réussit, il ne peut que
contribuer à l'avantage de leur fabrique.

Dans le jardin, nous vîmes les Religieux de Chœur, munis d'instrumens
aratoires, occupés à travailler : car
l'oisiveté est bannie de ce séjour de
piété. Les Pères avaient quitté leurs
coules, et n'avaientgardé qu'un habil-
lement de dessous, serré par une
ceinture de cuir, et recouvert d'un
scapulaire noir, long et étroit. A les
voir courbés, on aurait dit des cer-
cueils couverts d'un drap mortuaire.
Le travail du jardin n'est que le délas-
sement des Religieux de Chœur : leur
office est de chanter à l'église, et de
faire des lectures pieuses au chapitre,

Il en est d'eux comme de l'ermite de Parnell :

De tems en tems nous les voyions s'interrompre à un signal donné par l'un d'eux, qui frappait des mains : ils élevaient alors leur ame à Dieu, et recommençaient leurs travaux. Cette pensée adoucit leurs fatigues : ils savent, et ce sont les propres paroles de l'un d'eux, qu'ils travaillent pour un maître qui ne leur laissera pas attendre leur salaire.

Ne vivant que de légumes, les jardins sont pour ces pieux reclus l'objet d'un travail constant. Ils ont mis d'abord en valeur l'ancien jardin, qui n'était qu'un champ stérile ; en ont formé un nouveau, et possèdent actuellement un clos de sept hectares, entouré de murs. L'heureuse situation de la maison a été mise à profit. L'eau surabondante de l'étang qui avoisine le couvent, après avoir fait tourner les deux moulins, se distribue dans des canaux pratiqués dans les deux jardins, et se réunit, de distance à autre, dans douze bassins creusés pour la recevoir. Des pompes, fixées dans ces bassins, la répandent ensuite facilement et avec abondance dans les carrés.

Une portion des jardins, plus élevée que le reste, et dont le sol était rocailleux, a été changée en vigne. Cette vigne, de l'espèce appelée dans le pays *muscadet*, occupe une surface de deux hectares; elle est soutenue avec des échalas comme on le fait en Bourgogne, et, comme dans ce même pays, on y fait des façons multipliées. Elle a été plantée de très-bonne espèce, mais seulement en boutures.

Les arbres proviennent, pour la plupart, des pépinières royales du Luxembourg. Les Religieux forment eux-mêmes une pépinière dont les sujets, greffés sur ces arbres, seront d'une ressource précieuse pour tout le pays.

Partout les murs sont garnis d'espaliers, surmontés d'un cordon de vignes. Ce sont des chasselas de Fontainebleau, envoyés de Paris. Les plate-bandes, offrant une profondeur de vingt pieds, ont permis d'établir un contre-espalier, formé alternativement d'un arbre fruitier et d'un pied de vigne en quenouille ou en guirlande. En outre, tous les carrés étant plantés d'arbres produisent une immense quantité de fruits. La culture des légumes n'a pas exigé moins de soins : ce sont partout les meilleures graines de Paris, d'Angleterre ou de Hollande. L'intention des Trappistes est de créer un grand verger, qui servira de pâture, et dans lequel ils planteront cinq à six mille pommiers à cidre. Ceux qui existent déjà sont greffés sur les meilleures espèces de Normandie.

On ne fera pas à ces moines le reproche d'oisiveté, tant de fois adressé aux autres ordres monastiques.

Mais l'on dira peut-être que ce sont des bras perdus pour la société. L'activité des Trappistes, leurs aumônes nombreuses, leur vœu de pauvreté, strictement observé, ne les rendront jamais à charge à l'Etat.

Laissons donc se retirer dans le désert ces hommes pieux, dont le cœur, peut-être, a été blessé dans le monde. Il est des sentimens secrets, des peines ignorées que toutes nos bruyantes distractions ne peuvent adoucir ; et l'on peut appliquer à la religion ce que Mme de Staël dit de la nature : *c'est la seule puissance qui donne des fêtes sans offenser l'infortune.*

Nous aperçumes parmi ces Religieux quelques-uns qui nous parurent très-jeunes. C'étaient des novices. Les yeux baissés et l'esprit occupé des pensées de l'autre vie, ils semblaient nous adresser ce vers si vrai du poëte que j'ai cité déjà :

Notre rêve est fini, le vôtre dure encore.

Quand quelqu'un se présente pour être reçu dans le couvent, le R. P. Abbé examine ses dispositions, et le reçoit, s'il le juge convenable. Son noviciat dure un an, après lequel, s'il persiste dans sa résolution, il prononce ses vœux. Le novice, en recommençant une autre existence, quitte pour toujours le nom par lequel on le désignait dans le monde. Ce nom, la marque de sa vie civile, va se perdre dans celui d'un Saint, qui lui sert de patron.

Le jour fixé pour cette cérémonie, il se rend à l'église : là il entend se fermer sur lui la porte qui le sépare à jamais du monde. Sa vie mortelle est comme finie dans ces murs : il ne va plus y compter le tems, car il commence l'éternité sur la terre. Il s'approche de l'autel, on lui rase la tête, on lui brûle les cheveux, l'emblême de la propriété et la première offrande que les hommes faisaient jadis aux dieux; on en jette les cendres dans une piscine destinée à cet usage. Après avoir déposé sa profession sur l'autel, le novice va baiser les pieds de tous les Religieux, qui le relèvent en lui donnant le baiser de paix.

Sitôt que le novice est entré dans la maison, il est mort à sa famille comme au reste du monde. Il n'entretient plus de relations avec elle. Le R. P. Abbé est seul instruit de la mort des parens de l'un des frères; il l'annonce à l'église à toute la communauté, mais sans nommer personne, et cette perte, qui ne concerne qu'un seul, est sentie de tous. Il y a une impression vraiment solennelle dans ces paroles qui viennent interrompre les prières pour en réclamer de nouvelles : *Mes frères, l'un d'entre nous a perdu son père!* Ainsi la douleur s'affaiblit en se partageant chez ces hommes qui n'ont plus qu'un même cœur, et le cloître saint offre une famille nouvelle à celui qui vient de pleurer la sienne.

Le novice est placé, suivant son éducation, parmi les Religieux de Chœur ou parmi les Frères Convers. Si, au contraire, le genre de vie lui a paru trop austère, s'il quitte le couvent, on lui rend tout ce qu'il a apporté, ne retenant rien pour les frais qu'on a faits pour lui, et on s'en sépare comme d'un ami qui part pour des climats lointains, et que l'on ne doit revoir que dans l'éternité.

Si la physionomie est le miroir de l'ame, rien n'annonce mieux le contentement que le visage des Trappistes (1). Tous ont un air serein,

____

(1) « Ce ne sont point de ces figures inquiètes, fatiguées et tourmentées du monde. L'absence de toute émotion laisse les traits du visage dans leur situation naturelle et sans apparence de contractilité. Leur physionomie a un caractère d'impassibilité, qui véritablement me parait

on pourrait même dire une gaieté douce qui étonne. Semblables à ces ombres heureuses des Champs-Elysées, dont parle Fénelon, ils ne veulent plus rien : ils ont tout sans rien avoir ; leurs désirs sont rassasiés : le monde n'est rien pour eux, parce que leur félicité, qui vient du dedans, ne laisse point de place dans leur cœur pour ce qui vient du dehors. Au lieu de profiter de la liberté qui leur fut accordée dans la révolution, les Trappistes se trouvaient si satisfaits du genre de vie qu'ils avaient embrassé, qu'ils émigrèrent tous. Voici en deux mots leur histoire :

En 1792, les Religieux du couvent de la Trappe de Mortagne, qui s'étaient toujours maintenus en France, sans trouble, depuis la mort de l'abbé de

---

également digne des observations du physiologiste et de celles du moraliste.

(*Promenade au monastère de la Trappe, par un auteur anonyme.*) »

Rancé, passèrent en Suisse, où ils fondèrent près de Fribourg, le couvent de la *Val-Sainte*. Là, en reconnaissance de la faveur divine qui leur avait fait surmonter tous les obstacles, qui leur avait permis de persévérer dans leur état au milieu des bouleversemens politiques, ces Trappistes, qu'on plaignait tant et à qui on venait d'accorder la liberté civile, ajoutèrent des pratiques plus austères à celles auxquelles ils étaient soumis. Il s'ensuivit une seconde réforme, qui date de 1794.

A cette époque, ils rédigèrent de nouveaux réglemens qui ont été imprimés en Suisse, en deux volumes in-4.º. Cet ouvrage curieux est terminé par les déclarations de tous les Religieux depuis le R. P. Abbé jusqu'au dernier novice. Ils attestent tous que leur vie leur semble préférable à tous les trésors, et qu'ils aimeraient mieux périr du dernier supplice que d'en changer. Le mot de fanatisme est bientôt prononcé ; mais la haute philosophie sait combien un sentiment profond donne d'énergie aux facultés de l'ame. C'est une vie bien enthousiaste que celle qui n'a d'objets présens que la mort et l'immortalité. Les Trappistes éprouvent à chaque instant la vérité de ces paroles de Jésus-Christ : *Quand vous serez plusieurs assemblés en mon nom, je serai au milieu de vous.*

Bientôt les moines du couvent de la Val-Sainte, inquiétés par nos armées dans leur nouveau refuge, émigrèrent encore ; mais leur nombre augmenta au lieu de diminuer, car la religion s'accroît toujours de ses persécutions. Ils fondèrent des colonies nombreuses, toutes soumises à la dernière réforme. L'une s'établit au couvent de Sainte-Suzanne, en Espagne, dans la province d'Arragon ; l'autre au Mont-Brach, sur les confins de Barges, en Piémont.

Des circonstances particulières firent manquer l'établissement de Russie. Il y en eut qui passèrent en Westphalie, en Hongrie et au Canada.

Une seconde colonie destinée pour ce dernier pays, s'arrêta en Angleterre, où un riche gentilhomme lui fit bâtir un monastère à Lulworth, près de Wareham, dans le Dorcetshire (1). Ce lieu, voisin de l'endroit où la cour et les grands du royaume allaient prendre les bains de mer, fut visité par tout ce que l'Angleterre avait de plus illustre. L'abbé Delille fut voir ce pieux asile, qu'il a chanté dans la dernière édition du poëme *des Jardins* (2).

---

(3) Indépendamment de ces couvens d'hommes, il s'en forma plusieurs de femmes. Ce fut dans un monastère de Trappistes, à Pool, que mourut la mère de M. de Châteaubriand. Cet établissement était dirigé par la célèbre Madame de Cabanès. La princesse de Condé habita une maison du même ordre, près de Sion, dans le Valais.

(2) Voici les vers de Delille :

Mais surtout si l'exil de leur cloître pieux

A la paix continentale, quelques-
uns des établissemens de Trappistes,
____

A banni ces reclus qui, sous des lois austères,
Dérobent aux humains leurs tourmens volontaires,
Ces enfans de Bruno, ces enfans de Rancé,
Qui tous morts au présent, expiant le passé,
Entre le repentir et la douce espérance
Vers un monde à venir prennent leur vol immense,
Accueillez leur malheur et que, sous d'humbles toits,
Paisible colonie, ils habitent vos bois.
A peine on aura su le sort qui les exile,
Vos soins hospitaliers et leur modeste asile,
Des hameaux d'alentour, femmes, enfans, vieillards,
Vers ces hôtes sacrés courront de toutes parts :
La richesse y viendra visiter l'indigence ;
L'orgueil, l'humilité ; le plaisir, la souffrance ;
Vous-même, abandonnant, pour leurs âpres forêts,
Et vos salons dorés, et vos ombrages frais,
Viendrez au milieu d'eux, dans une paix profonde,
Désenchanter vos cœurs des voluptés du monde ;
Loin de ce monde où règne un air contagieux,
Vous aimerez ce bois sombre et religieux,
Ses pâles habitans, leur rigide abstinence,
Leur saint recueillement, leur éternel silence,
Et, la bêche à la main, la pénitence en deuil,
Anticipant la mort et creusant son cercueil.
La terre sentira leur présence féconde.
Pour vous, pour vos moissons, vers le maître du monde
Ils leveront leurs mains ; vous devrez à leurs vœux

fixés dans les pays étrangers, rentrèrent en France. L'abbaye de Melleray fut achetée par les moines du couvent de Lulworth, et en 1817 ils débarquèrent à Nantes pour l'occuper (1). On se rappelle l'époque de leur arrivée. Ils étaient alors soixante. La frégate qui les conduisait portait le frère de celui qui avait guidé nos escadres, et le capitaine de ce bâtiment reçut des mains du R. P. abbé lui-même l'épée

Et les biens d'ici-bas et les trésors des cieux ;
Et, lorsqu'à la lueur des lampes sépulchrales,
De silences profonds, coupés par intervalles,
Du sein de la forêt leurs nocturnes concerts
En sons lents et plaintifs monteront dans les airs,
Peut-être à ces accens vous trouverez des charmes ;
Vous envierez leurs pleurs, vous y joindrez vos larmes ;
Et le corps sur la terre, et l'esprit dans le ciel,
Vos vœux iront ensemble aux pieds de l'Eternel.

(1) Ce sont des Religieux anglais, sortis de l'abbaye de Pontron, qui jetèrent, en 1132, dans la forêt de Melleray, les fondemens du couvent qui subsiste aujourd'hui. En 1817, ce furent des religieux sortis d'Angleterre et dont plusieurs étaient des anglais, qui, après un espace de près de sept cents ans, sont venus refonder cette même maison.

qu'un officier de nos armées avait déposée dans le cloître pour y prendre l'humble froc de Saint-Benoit.

Le spectacle de cette foi toujours persécutée et toujours constante a quelque chose qui frappe. Les ordres les plus rigides ont toujours été les mieux observés. J'ai considéré ailleurs les causes qui font naître en nous le désir de la vie religieuse; c'est chez elle seule à présent qu'il faut chercher la cause de l'attachement qu'elle inspire. L'amour divin donne à nos sentimens une direction unique ; et c'est toujours l'inconstance de nos désirs qui nous rend inquiets et malheureux. D'ailleurs, cette vie dévouée remplit l'ame d'une paix sublime, et c'est la seule sur la terre qui soit susceptible à la fois de repos et d'enthousiasme (1).

____

(1) Voilà ce que m'écrivait le R. P. abbé: « S'il est dans le monde une classe d'hommes » qui, en sentant les infirmités, la misère, ne

Ces raisonnemens ne seront d'aucun poids aux yeux de quelques personnes, mais j'ose affirmer que, si elles s'en rapportent au sentiment seul, il est impossible qu'elles ne soient pas émues. Tout ce qui constitue la poésie sévère du christianisme, frappe à chaque instant les yeux dans cet asile silencieux. Ce n'est pas un objet sans intérêt pour le philosophe que ces fronts chauves où s'est déjà imprimée la mort, et auxquels l'attente certaine de l'autre vie donne un air de contentement.

Rivarol a dit un mot ingénieux : si la religion chrétienne était oubliée, on redeviendrait chrétien à la lecture du Dante, comme on est payen à celle d'Homère. L'homme sensible,

---

» veuille cependant changer sa position pour aucune
» autre, ces philosophes chrétiens seront assuré-
» ment les plus contens et les plus heureux de
» tous les hommes ; car, je vous assure, par
» l'expérience que j'en ai, que sur cent Religieux
» de la Trappe, quatre-vingt-dix-neuf ne quitte-
» raient pas leur austère régime pour un empire. »

quand il serait d'une *croyance différente*, ne pourra s'empêcher de se sentir religieux avec les Trappistes, au moins de cette manière.

En nous promenant dans le couvent et dans les cours, nous n'entendions pas un mot. C'est la première fois que je voyais les hommes réunis entr'eux sans se communiquer. Le mouvement accompagné du silence a quelque chose d'étrange, car tout se passe avec bruit sur la terre. Il ne parvenait à notre oreille que le bruit des outils au dehors, celui des portes et la sonnerie de l'horloge au dedans. Il semblait que la matière seule eût le droit de se faire entendre dans ce séjour où l'on ne vit plus de la vie des sens.

Les Trappistes ne se disent point, comme on l'a répété tant de fois *Frère il faut mourir*. Ils passent en silence à côté les uns des autres, et n'ont pas besoin de se rappeler la mort pour savoir qu'elle est inévi-

table. Il y aurait de l'affectation dans
cette coutume, et l'esprit de la religion est trop sublime pour em-
prunter de ces cérémonies théâtrales.

A l'un des angles du jardin, nous
aperçûmes le cimetière. Je fus curieux
d'y entrer. Je croyais que chaque
Trappiste allait chaque jour y creuser
sa tombe, mais c'est encore une erreur.
Elle a été répétée dans tous les livres,
on l'a accréditée comme tout ce qui
est extraordinaire, et M. de Châteaubriand lui-même l'a consignée dans
le *Génie du Christianisme*.

Une fosse ouverte et creusée solen-
nellement dans une assemblée générale,
attend au cimetière le premier qui
doit mourir : voilà tout ce qu'il y a
de vrai. Quand un Religieux est à
l'agonie, on le transporte à l'église
pour recevoir les derniers sacremens,
on le ramène ensuite à l'infirmerie,
où il reste étendu sur de la paille et
de la cendre jusqu'à ce qu'il ait rendu

le dernier soupir. Là , il exhorte ses
frères rangés en silence autour de lui,
à persévérer dans leur sainte vie ; ce
n'est pas lui que l'on console, c'est
au contraire lui qui encourage. Quand
il expire, il est enseveli dans sa robe
de laine , et on le dépose, sans bière ,
dans la fosse qui l'attend. Une croix
de bois s'élève seule sur ce tertre modeste. Sur ce signe funèbre sont écrits
l'âge du Frère , le tems de sa profession et son nom de religion.

C'est vraiment ici le plus grand triomphe de la religion chrétienne , de
cette religion qui a fait un devoir de
l'espérance. Quelques pratiques peu
communes peuvent prêter matière
aux plaisanteries de la frivolité. La
moquerie flatte l'amour propre. Il y a
presque toujours un faux air de supé-
riorité dans le dédain. Le respect pour
la religion passe trop souvent pour
une faiblesse d'esprit , c'est ce qui
fait qu'elle trouve dans le monde tant

d'agresseurs et si peu de défenseurs. Cependant tout homme impartial, de quelque religion, de quelque opinion même qu'il soit, car la morale est au moins une religion pour ceux qui n'en ont point d'autres, sera frappé du spectacle d'une telle mort.

Nul fantôme de gloire ne vient soutenir le Trappiste expirant, nulle consolation ne lui cache ses dernières souffrances. Soldat inconnu de la sainte milice, il n'a pas même un nom à léguer après lui. Delaissé par toutes les illusions de la terre, il les voit du même œil que la poussière sur laquelle il est couché.. Cependant quelle force ne puise-t-il pas dans son cœur au moment de la dernière épreuve ? Quelle douceur dans cette mort où il est entouré de vrais amis ? L'éternité n'est plus là la grande pensée qui effraie, c'est celle qui console. Le terme est la récompense de tous les efforts faits dans la carrière, et l'on arrive à la mort comme à une fête. Appuyé sur les promesses de la foi, on se rappelle ces momens où on sentait en soi je ne sais quelle assurance de vivre toujours. Ces regards qui vous fortifient, ces chants solennels qui proclament l'instant de la délivrance, tout cela semble un triomphe plus qu'un deuil ; l'ame enivrée ne sent plus la douleur, et, suivant l'expression de Tertullien, *elle emporte avec soi tout l'homme.*

Si, comme le dit Cicéron, toute la philosophie consiste à apprendre à mourir, quelle plus haute leçon de philosophie que celle-là ? L'homme livré aux seules lumières de la raison, dit énergiquement Montaigne, *ne sent que la terre et la mort.* L'homme religieux est le véritable apôtre de l'immortalité. Les spectateurs de cette scène auguste s'en retournent profondément émus ; ils se demandent comme Saint-Paul : *ô mort, où est*

ta victoire ? Un Trappiste, témoin des derniers momens de l'un de ses frères, écrivait ainsi dans l'année de son noviciat : « Je vous avoue à ma
» honte, que je me suis senti quel-
» quefois envie de mourir, comme
» ces lâches soldats qui demandent leur
» congé avant d'avoir combattu (1). »

---

(1) Cette citation est tirée d'une lettre de l'un des frères de M. de Châteaubriand, mort Frère-Convers au couvent de Sainte-Suzanne, en 1802. Je vais extraire quelques détails des lettres qu'il écrivit à sa famille et à ses amis.

«.... Vous avez dû être étonné que j'aie embrassé un état qui m'enchaîne, moi qui ai toujours aimé l'indépendance, cette liberté de courir et de m'agiter. Depuis quelques années, quoique j'eusse une existence aussi agréable que ma position me le put permettre, je me sentais inquiet, j'avais quelquefois du dégoût pour la vie,,...»

«...... Il y a ici une infinité de petites contradictions qui, venant à la rencontre des habitudes, inquiètent dans les premiers jours. On ne doit jamais, par exemple, s'appuyer si on est assis, ni s'asseoir si on est fatigué, pour le seul fait de se reposer : c'est que l'homme est né pour travailler dans ce monde et qu'il ne doit attendre de repos

Comme nous sortions du cimetière, nous entendîmes sonner la cloche qui appelait les Religieux à *Sexte*, avant le repas. Nous avions témoigné le

---

qu'au terme de son pélerinage. On perd aussi toute propriété sur son corps : si l'on se blesse d'une manière un peu grave, il faut s'aller accuser à genoux, tout comme lorsqu'on brise un vase de terre, et cela sans parler; il suffit de montrer le sang qui coule ou les fragmens de la chose brisée..... Si quelquefois, appuyé debout contre un mur, je sommeille, il y a bientôt quelque frère charitable qui me tire de ce sommeil; je crois l'entendre me dire : *tu te reposeras à la maison paternelle, in domum æternitatis....* Je n'ai pas encore souffert le plus petit mal d'estomac, ni éprouvé d'autre peine qu'un peu de froid le matin en allant aux champs. Cependant, l'avant-dernier vendredi de Carême, je fus commandé pour aller nettoyer l'étable des brebis : après avoir fait, depuis le point du jour jusques vers les deux heures et demie, un travail très-rude, je pensais à me rapprocher du couvent, lorsqu'on m'envoya à la montagne chercher de l'herbe : je ne fus de retour qu'à quatre heures un quart, pour rompre le jeûne; j'eus une hémorragie assez forte le soir, et puis tous les matins à mon ordinaire. Perdant plus qu'une nourriture peu substantielle ne pouvait

9

désir de dîner au réfectoire des Trappistes. Cette permission s'accorde rarement, cependant nous l'obtînmes.
Nous nous rendîmes à l'église avec les

---

réparer, j'allais tous les jours m'affaiblissant.
Depuis ce tems, Pâques est venu et je me suis
remis sur le champ.... Voilà un des grands avantages de la vie religieuse, c'est que tout ce qui annouce la dissolution prochaine et le tombeau, causé
autant de joie qu'on est attristé dans le monde par
tout ce qui en rappelle le souvenir.....»

Le voyageur anonyme que j'ai cité plus haut,
qui a laissé, de sa visite au couvent de la
Trappe de Mortagne, une relation dans laquelle
il blâme ou tourne en ridicule presque tout ce qu'il
a vu dans ce couvent, s'exprime cependant ainsi,
dans un passage de son livre où il décrit le cimetière :

« Notre chétive philosophie se trouva en défaut.
L'opinion où chacun de nous semblait être que tout ce
que nous avions vu jusques-là n'était qu'un jeu, qu'une
véritable momerie, faite pour en imposer, s'évanouit.
Le proverbe, *quand le diable fut vieux il se fit hermite*,
nous était venu bien des fois à l'esprit; mais ce n'était
point ici le cas d'en faire application. A en juger par
l'hôtelier (j'ai su depuis qu'il portait un grand nom,
qu'il avait été officier supérieur, qu'il avait plusieurs
décorations, et qu'enfin il avait été aide-de-camp du

Religieux de Chœur seulement. On
nous fit placer cette fois à l'extrémité
de la nef, près du P. Prieur; en
sortant nous prîmes rang derrière lui,

maréchal duc de R.) c'étaient des jeunes gens, des
gens du monde, pleins d'esprit, d'instruction, de
bon ton, d'élégance, de jeunesse et de santé, qui
venaient ainsi respirer avec délices les parfums
de la mort, et qui, libres dans leur choix, semblaient s'y complaire et préférer de telles jouissances à
tout ce que le monde, qu'ils n'abandonnent pas sans l'a
voir bien connu, pouvait leur offrir......

» Chacun de nous, nous dit l'hôtelier, espérait
que cette fosse lui était destinée; mais il paraît que
cette faveur est réservée au père Stanislas (j'ai appris,
dans la ville voisine, que c'était le fils d'un armateur
de la Rochelle fort riche, ayant des hôtels à Paris,
et que son père lui avait offert, mais en vain, des
sommes considérables pour le détourner d'une vo-
cation si austère et si peu en rapport avec son rang,
sa fortune et son éducation). Il a vingt-cinq ans,
nous dit le moine. Que vingt-cinq ans; nous
écriâmes-nous tous ensemble avec l'accent d'une
douloureuse surprise. Oui, reprit-il, que vingt-cinq
ans, qu'il a su employer d'une manière bien profitable
pour lui et bien édifiante pour nous.

« Il est présumable maintenant qu'il ne passera

et il nous conduisit au réfectoire à la
tête de la communauté. Avant d'entrer
dans la salle, il s'arrêta : il nous
présenta un bassin, et nous versa
de l'eau sur les mains. Le P. Hôtelier
nous offrit une serviette pour nous

---

pas la journée. Si peu qu'il lui reste de force,
il l'emploie à réprimer sa joie de se voir bientôt
en possession de cette tombe que nous ambitionnons
tous, et maintenant qu'il est sûr qu'elle ne peut
plus lui échapper, il met sa force et sa vertu à
réprimer l'orgueil que lui cause la possession d'un
tel bien ; il tâche de nous consoler, et semble
nous prier de lui pardonner le larcin qu'il nous a
fait.

J'avouerai qu'il ne m'était jamais arrivé de rencontrer
dans le monde de ces hommes doués d'une foi aussi
robuste...... Cet exemple d'un enthousiasme religieux
si profond, si vrai, si désintéressé, si profondément
ignoré, et si bien dégagé de toute espèce de considé-
ration humaine, a laissé en moi un souvenir qui
s'effacera difficilement...

» Nous nous rappelâmes la première devise qui
s'était offerte à nos yeux en entrant à la Trappe :

« S'il paraît dur de vivre ici,

« Il est bien doux d'y mourir. »

essuyer... Autrefois , selon la régle de Saint-Benoist , et en suivant une coutume qui était un reste de la vie patriarchale , les moines lavaient les pieds de leurs hôtes. L'abbé de Rancé a réformé cette pratique dont nos mœurs ne pourraient plus s'accommoder. Mais celle qui subsiste aujourd'hui n'étonne pas moins. Tout ce qui est antique nous surprend , tant nous sommes habitués , sur le sol bouleversé que nous habitons , à ne voir que des usages de la veille et des modes du jour.

Notre dîner était servi à la table particulière du R. P. Abbé , élevée sur une estrade. Nous pûmes de là examiner à loisir le repas des Trappistes. Ils étaient environ cent-vingt. Chacun avait devant soi une soupe de légumes cuits à l'eau et au sel , le beurre leur étant défendu. On y avait joint du riz au lait , dans lequel il entrait moitié d'eau, quelques

pommes de terre, et une demi-livre
de pain noir. Leur boisson était
de l'eau seulement. La réforme de
l'abbé de Rancé permettait de boire
du cidre. Le tout était servi dans
des plats d'étain. A côté d'eux, on
voyait un couvert, un gobelet et
une salière de bois. Leur serviette
était un petit morceau de grosse toile
de six pouces carrés.

Il est impossible de voir plus de
simplicité unie à plus de frugalité.
La philosophie avait fait elle-même
un devoir de la sobriété. La religion
l'a mis en pratique. C'est le beau
idéal de la vie humaine qu'un
entier détachement de ces plaisirs
qui passent. Tout ce qui finit est
si court! dit Saint-Augustin : nous
avons besoin de si peu et pour si
peu de tems :

Man wants but littler, nor that little, long (1)

(Young.)

____

(1) Ce n'est pas dans les anciennes abbayes de

«Pendant que les Religieux man-
geaient, l'un d'eux faisait la lecture
en français. Au milieu du repas,
un anglais prit sa place et fit dans
sa langue la même lecture à ses
compatriotes; car il y a à-peu-près
un tiers de Trappistes anglais et ir-
landais. Je voyais plusieurs frères
qui conservaient une partie de leur
ration pour le soir. En effet, en
été, ils font un léger repas à 6
heures; mais en hiver, ils n'en
font qu'un par jour. De tems à autre,
la sonnette du Prieur se faisait

France qu'*** aller chercher des exemples d'une
telle sobriété. Cependant, un siècle après sa fondation ,
le monastère de Melleray se faisait encore remarquer
par sa pauvreté. En 1262, Geoffroi de Châteaubriant,
ce Seigneur dont l'épouse expira de la joie de le
revoir, après une absence de plusieurs années, assigna
par son testament 24 livres de rente à ce couvent,
afin que les Religieux qui , depuis l'origine de leur
monastère, ne se nourrissaient que de pain d'orge,
de seigle ou d'avoine pussent à l'avenir y substituer
le pain de froment.

entendre pour les avertir de se tenir en garde contre les distractions. Alors tout cessait ; le lecteur s'interrompait subitement, sans même achever le mot commencé ; tous les Frères, immobiles, élevaient en silence leur ame à Dieu. Dans cette sorte de suspension de la vie, tout semblait mort dans le cloître ; on entendait seulement, au dehors, le vent qui frappait sourdement sur les vitraux à-demi sonores.

La salle était entourée d'inscriptions analogues à sa destination. Je prenais un singulier plaisir à les parcourir, car les maximes sont la théorie de la vie, et parlent à l'âme aussi fortement que des actions. Je remarquai surtout cette pensée de l'Ecclésiaste, qui respire un si profond détachement des biens de la vie :

Initium vitæ hominis aqua et panis (1).

____

(1) Au convent de la Trappe de Laval, formé

Après le dîner, nous sortîmes du réfectoire à la suite des Religieux de chœur, et nous passâmes devant les Frères convers, rangés des deux côtés de la salle. Ils s'inclinaient tous profondément à mesure que nous passions devant eux. Tandis que nous retournions au parloir, la communauté se rendit processionnellement à l'église

par des Religieux venus de Westphalie, les inscriptions sont en français. Deux d'entr'elles me semblent d'une énergie frappante. Elles sont du baron de Géramb, ancien général et chambellan au service de l'Empereur d'Autriche. Au-dessus de la table à manger du couvent, ce religieux a figuré des ossemens, sous lesquels on lit cette inscription :

Ces os sont-ils d'un monarque ou d'un pâtre ?

Les pâtres et les rois ont été réunis mille fois en poësie : cette image aujourd'hui n'est plus qu'un lieu commun ; mais il y a quelque chose de très-philosophique de les voir ensemble à la Trappe.

Dans un autre endroit, le baron de Géramb a représenté un cadavre rongé des vers. Au dessous sont écrits ces mots :

Souviens-toi que le corps que tu nourris sera lui-même la nourriture des vers.

en récitant le *Miserere* et le *De Profundis*. Cette idée de la mort, associée au plus pressant besoin de la vie, engageait chez les anciens à profiter de celle-ci ; mais, chez les chrétiens, elle apprend à s'en détacher. L'Épicurien, au milieu de ses festins voluptueux, rappelle la fin de l'existence pour faire jouir du tems qui s'envole, parce qu'il perd tout avec lui; le Trappiste remercie Dieu de sa nourriture par la prière des morts, parce que sa vie n'est pas sur la terre.

Après le repas des Trappistes, ces moines, qui ont fait un vœu de pauvreté qu'ils observent si régulièrement, distribuent, à leur porte, à une foule nombreuse de pauvres, ce qui pour eux est encore le superflu.

Le P. Hôtelier vint nous rejoindre au parloir. Nous employâmes notre soirée à examiner les dehors du couvent. Nous allâmes voir une carrière d'ardoises exploitée pour les besoins

de la maison , et une autre de fer
hydraté engagé dans l'argile. Ce mi-
nerai occupe les points les plus élevés
du terrain environnant.

Le sol varie dans l'étendue du domaine de l'abbaye. Partout on trouve
une couche de terre végétale assez
légère et d'une couleur noirâtre. Les
endroits plus élevés sont traversés
de bancs de Kieselchiefer veiné de
quartz. Dans les bas, c'est une argile
presque pure, reposant sur des lits
de grès ferrifère ; quelques parties de
ce grès se changent en poudingues,
dont les fragmens varient depuis le
poids d'une livre jusqu'à deux cents.
Je vous ai indiqué ailleurs cette même
roche , vulgairement appelée ici
Renard.

Nous examinâmes ensuite attenti-
vement les instrumens de labourage
et les différentes pièces de terre cultivées. Les engrais , les amendemens,
les modes de culture employés au

monastère sont des objets importans d'étude, et il faut espérer qu'un jour l'exemple de ces anachorètes des tems modernes servira à améliorer notre agriculture.

Cette science, en effet, est portée chez eux beaucoup plus loin que dans nos pays. Fixés pendant vingt-cinq ans en Angleterre, entourés de grands propriétaires et d'habiles cultivateurs, ils y ont fait une espèce de noviciat. En défrichant avec soin et méthode les landes sur lesquelles on les avait placés, il se sont rendus capables de porter d'utiles pratiques dans celles qu'ils occupent aujourd'hui Aussi leur établissement doit-il être considéré comme une sorte de ferme départementale, dans laquelle les agriculteurs peuvent puiser des lumières précieuses.

Le terrain qu'ils font valoir dans ce moment est d'à-peu-près cent hectares. Sous peu d'années, il sera accru de trois métairies qu'ils ont affermées et dans lesquelles ils doivent entrer à l'expiration du bail.

Plus de vingt hectares, qui, à leur arrivée, n'étaient que des landes, sont aujourd'hui en plein rapport. Vers l'extrémité méridionale est un desséchement d'à-peu-près quarante hectares. C'était autrefois un étang destiné à alimenter une forge , comme la plupart des grands réservoirs de ce pays-ci. La digue qui retenait les eaux dans ce vaste bassin a été rompue. Le cours d'eau , resserré dans un fossé de six pieds d'ouverture , s'écoule actuellement dans le milieu du terrain. En outre, un fossé de ceinture de cinq pieds de largeur , tout en marquant les limites de la propriété dans sa circonférence , reçoit les eaux supérieures et les porte à la bonde de l'étang. De petits canaux, découverts ou cachés , divergent de tous les points pour dessécher ce vaste espace. Le fossé du milieu réunit tous ces canaux et s'échappe par une voûte spacieuse construite au milieu de l'ancienne chaussée. Deux voûtes semblables sont destinées à ouvrir un passage à l'eau du fossé extérieur. A l'entrée de l'étang est une grande vanne avec des portes, au moyen desquelles on peut diriger l'eau dans l'un ou l'autre canal. Celui d'ouverture, étant plus élevé que le reste du sol, pourra servir à l'arroser dans la suite, et ce terrain, disposé en pente douce, donnera, dans toute son étendue, un pré d'*abreuvis*.

Les pièces de terre que nous traversâmes étaient entourées de haies et fermées par des barrières de trois pieds de hauteur sur neuf de longueur. Fixées à un poteau, ces barrières tournent sur deux gonds dont le supérieur touche au poteau même, tandis que l'inférieur, porté sur un piton qui se prolonge en saillie de trois pouces, les force, sitôt qu'elles sont ouvertes, de retomber par leur propre poids.

Les prairies artificielles, avant l'arrivée de ces Religieux, étaient inconnues dans tout le pays : ils les ont essayées, et leurs tentatives ont été payées d'un heureux succès. A de stériles jachères ou à des genêts peu profitables, ont succédé le trèfle le *ray-grass* ou faux seigle, les choux du Poitou, la betterave-disette, le navet-*turneps* et la vesce. Quelques-unes de ces betteraves pèsent jusqu'à huit et dix livres. Le ray-grass a été apporté d'Angleterre. Mêlé au trèfle, il donne un fourrage aussi nourrissant qu'abondant. Les prairies artificielles produisent d'ordinaire deux récoltes par an et servent de pâture le reste de l'année.

Le Sain-foin a mal réussi. Artur Young le conseille pour le sol de la Bretagne ; mais il paraît ne convenir qu'aux terrains calcaires. La luzerne a donné de meilleurs résultats.

Les engrais employés sont d'abord celui des étables, ensuite des *composts* ou mélanges de terre, de boue d'étang, de chaux et de fumier. Le fumier pur se répand sur les terres dans la proportion de soixante tombereaux par hectare; il en faut quatre-vingts de compost. On se sert aussi de la poussière des résidus d'anciennes forges à bras établies dans différens endroits dépendant de l'abbaye. Cette poussière forme une sorte de charrée mêlée de cendre et très-convenable au sarrasin, principalement dans les terrains humides.

Les céréales cultivées sont le froment, le sarrasin, l'avoine d'hiver et celle d'été. Le seigle, dont la paille est de peu de valeur, y est en petite quantité. L'orge a été essayée et parait ne pas convenir.

La qualité du terrain n'est pas assez

connue pourque le mode d'assolement soit irrévocablement déterminé. Voici quelle est la succession de culture arrêtée jusqu'à-présent : la première année , fumer abondamment et des pommes de terre à la charrue; deuxième du froment sans fumier ; troisième ; des *turneps* , ou des betteraves ou des vesces d'hiver avec fumier; cinquième, du trèfle ; sixième du trèfle comme pâture ; septième le trèfle étant levé à l'automne , on y sème du froment sans fumier ou avec un léger engrais jeté par dessus. L'année suivante , reviennent les pommes de terre.

On sème à la *grande volée* , comme dans nos campagnes, ce qui emploie un peu plus de semence : un seul homme peut suffire à trois ou quatre charrues.

Les sillons sont de quatre tours de charrue : ils sont un peu bombés au milieu. Après le labour, une charrue à deux versoirs, attelée d'un seul cheval, nettoie l'espace compris entre les sillons; en outre, on ménage à la bêche des rigoles pour faire écouler l'eau.

Le chaume est coupé beaucoup plus bas qu'on ne le fait dans le pays; mais jamais on ne l'enlève des endroits où le trèfle semé avec le froment commence à s'élever.

La récolte du sarrasin, dont la paille s'échaufferait en meules, est battue aussitôt qu'elle est transportée à la maison. Le froment, le seigle, l'avoine sont rentrés dans une grange ou placés en meules dans une cour destinée à cet usage. Ces meules sont élevées sur des pièces de bois assises sur de petits pilastres en maçonnerie. Ceux-ci ont vingt pouces de hauteur et sont recouverts de pierres qui les débordent en chaque sens de trois à quatre pouces. Ces meules, ainsi élevées, sont toujours aérées, et, recouvertes de paille de seigle, comme les chaumières, elles peuvent se conserver long-tems. Cette méthode offre plusieurs avantages : le grain achève de mûrir dans la meule ; la paille, battue au fur et à mesure seulement qu'on en a besoin, présente une meilleure nourriture aux bestiaux ; enfin, ce qui serait un surcroit de travail à l'instant de la récolte, fournit des moyens de s'occuper dans la mauvaise saison.

Les charrues ont été apportées d'Angleterre. Quelques-unes, plus nouvelles, ont été exécutées sur le modèle de celles-ci. J'observai avec soin leur forme élégante et savante à la fois ; elles sont beaucoup plus légères et plus aisées à faire marcher que celles dont se servent nos paysans. Elles ont à-peu-près sept pouces d'ouverture ; le soc, long de trois pieds, pèse de quinze à vingt livres. Il diffère de ceux du pays en ce qu'il est garni, à environ un pied de la pointe, d'une oreille tranchante pour couper les racines sous terre.

Les autres instrumens d'agriculture sont des herses pesantes, appelées *dragues* ou *tormentors*, pour diviser la terre quand elle a reçu un premier labour, et dont les pointes en fer ont de huit à neuf pouces de longueur; des herses légères pour passer sur la terre ensemencée, des rouleaux pour l'applanir; des charrues à deux oreilles et d'un pied d'ouverture pour buter les pommes de terre, choux-betteraves, etc; un grand râteau, monté sur un avant-train et conduit par un cheval, pour enlever après les labours, les racines, le chiendent et autres herbes.

Je ne parle pas des chariots pour porter les récoltes, des tombereaux à bascule pour transporter les engrais, et d'une foule d'outils infiniment plus légers et plus commodes que ceux dont on se sert dans ces cantons,

Telle est leur pelle ou *shovel*. Ces pelles sont en fer battu, d'une ligne d'épaisseur, de quinze pouces à-peu-près en tous sens et légèrement concaves dans leur milieu ; elles ne s'emploient pas pour bécher, mais pour charger de la terre ou des engrais. Cet instrument au reste est connu à Nantes par les répurgateurs et les mesureurs de charbon de terre.

Ils labourent communément avec des chevaux, harnachés d'une manière simple et facile : c'est à la manière flamande. Un attelage de chevaux, dans un tems donné, laboure au moins moitié de terrain de plus que le même attelage de bœufs ; mais l'expérience des Trappistes ne leur permet pas de donner à cette méthode une préférence exclusive sur l'autre. Si les chevaux sont plus expéditifs, ils coûtent davantage à nourrir ; ils s'usent, tandis que les bœufs, bien soignés, s'améliorent. Ils y substituent donc quelquefois ceux-ci, qu'ils attèlent avec des colliers à la manière des chevaux, ce qui accélère la marche de ces animaux et ne diminue rien de leurs forces. Cet usage se pratique en Normandie et dans les parties de l'Angleterre où les bœufs sont employés au labourage.

Au premier labour, on attèle quatre chevaux ; si la terre est labourée en travers, on en emploie le même nombre ; avec les fortes herses on en met trois, et seulement deux au second et au troisième labour.

Les chevaux sont presque tous sortis du *Dorsetshire*, comté assez estimé en Angleterre pour les chevaux de trait. La nourriture de ces animaux est du foin, de la paille, de l'avoine mêlée dans des menues-pailles. La paille est coupée par un hache-paille en morceaux aussi petits que des grains d'orge.

Après ces instrumens on peut

citer une machine à battre le grain, mue par deux chevaux, et qui peut aisément, avec le secours de deux ou trois personnes, donner un septier par heure. Cette mécanique fournit dans un jour la provision d'une ou deux semaines, et elle offre la facilité de recueillir les balles et menues pailles, si souvent perdues ailleurs, et qui ici, mêlées à l'avoine, dans la proportion de trois parties sur une, donnent une excellente nourriture aux chevaux. Mais cette machine très-coûteuse ne parait pas susceptible de devenir d'un usage ordinaire dans nos campagnes.

Indépendamment du hache-paille que j'ai cité, ils ont pour les bestiaux, une machine à couper les racines et qui les divise, avec une grande célérité, en tranches de quatre lignes d'épaisseur; d'autres mécaniques non moins curieuses, sont une machine à concasser l'avoine pour les chevaux, ou la drèche pour faire de la bière; un bluteau en toile de fil d'archal, qui sépare la farine du son, d'une manière aussi parfaite qu'elle est curieuse; enfin, une petite grue pour monter les sacs, au moyen de laquelle un enfant de dix ans pourrait élever au haut d'un grenier un sac d'un septier.

La plupart de ces instrumens viennent d'Angleterre. Quand ils ont quitté le couvent de Lulworth, ces Religieux, qui venaient fonder dans nos landes une colonie d'agriculteurs paisibles, devaient s'attendre à la protection des deux Gouvernemens. Ils ont obtenu la liberté de sortir et d'entrer en franchise leur modeste mobilier et leurs instrumens aratoires. Indépendamment de la frégate qui leur avait été destinée pour leur passage, on leur accorda un gros brick pour le transport de leurs effets. Cette grâce particulière est devenue un bienfait public. Elle les a mis à même d'apporter avec eux ce grand nombre d'instrumens, dont le port et les droits eussent surpassé la valeur, et ces instrumens, en servant de modèles, sont devenus utiles à tout le pays.

Le surlendemain nous sommes partis de l'abbaye de grand matin. Il ne nous restait plus rien à y voir. Dans une journée, nous avions vu la vie entière de ce séjour (1). Là le tems

---

(1) Voici la distribution de ces jours en hiver; on se lève à une heure et demie. Office de la nuit jusqu'à quatre heures. Lecture, prière, intervalle pour les messes basses jusqu'à cinq heures et quart. *Oraison et Prime* jusqu'à six heures. Prières au chapitre jusqu'à six heures et demie. Intervalle pour lectures, messes basses, jusqu'à sept heures et demie. Grand'messe, suivie de *Tierce*, jusqu'à neuf heures. Travail jusqu'à onze et demie. *Sexte* jusqu'à midi. Continuation du travail jusqu'à deux heures. *None* jusqu'à deux heures et demie. Dîner jusqu'à trois heures et quart ou demie. Intervalle pour lecture jusqu'à quatre heures et quart. *Vêpres*

s'écoule d'une manière uniforme, toutes les portions de la durée sont semblables ; c'est déjà là comme dans l'éternité, ou, suivant l'heureuse expression de Gilbert,

Sur les mondes détruits le tems dort immobile.

---

jusqu'à cinq heures et quart ou demie. Intervalle pour lecture jusqu'à six heures. Lecture commune jusqu'à six heures et demie. *Complies* et *Salve Regina* jusqu'à sept heures. A sept heures et demie, la Retraite et le coucher.

En été on fait deux repas, le premier à onze heures et demie, l'autre à six heures. On se couche une heure plus tard ; mais il y a, après dîner, comme je l'ai dit ailleurs, une heure de méridienne. Le travail alors est partagé moitié le matin, moitié le soir.

Les dimanches et grandes fêtes sont entièrement consacrés à la prière : dans celles-ci l'office seul est de onze heures et les dimanches de neuf heures, distribuées dans le courant de la journée.

Les Frères Convers se lèvent à la même heure ; mais, à l'exception de trois quarts d'heure le matin, la messe qu'ils entendent à quatre heures et quelques courtes prières qu'ils récitent aux différentes heures canoniales, tous leurs momens sont employés au travail.

Je quittai ces respectables solitaires avec un sentiment que je ne pouvais définir. Le spectacle de ces vertus obscures et silencieuses rend toujours un peu mécontent de soi. C'est le passé avec toutes ses vertus et sa naïve simplicité. On voit là se réaliser les récits de la piété des premiers fidèles, ces récits que l'on avait pris pour des fables. Quand la plupart de nos sociétés ne sont que des associations faites par l'intérêt ou la vanité, il est beau de voir une réunion d'hommes qui, se dévouant pour l'humanité, vont expier dans la retraite les erreurs de leurs frères et s'offrir pour eux en sacrifice. En morale, l'acte du dévouement est le plus grand effort de la nature humaine; en religion, c'est la première des vertus, puisque c'est celle qui rapproche davantage l'homme de son divin modèle.

Voilà, monsieur, la relation de ma visite à l'Abbaye de la Trappe de

Melleray. J'ai été sobre de détails personnels, par des motifs que vous saurez apprécier. Il est des choses que la réflexion doit respecter, et le vœu de silence des Trappistes s'étend, sur quelques objets, à ceux qu'ils ont la généreuse confiance de recevoir dans leur paisible retraite. Au parloir des étrangers, on lit, dans un avertissement qui leur est adressé, cette maxime de l'esprit saint qu'il est bon quelquefois de se rappeler dans le monde :

Vir linguosus non dirigetur in terrá.

Il m'en a coûté davantage de ne pas payer à nos hôtes le tribut mérité de mon estime ; mais les expressions les plus simples de ces sentimens eussent été regardées par eux comme une flatterie. Le R. P. Abbé, que j'ai prévenu de l'intention dans laquelle j'étais d'écrire cette relation, m'a prié de ne désigner personne, et m'a conjuré de me rappeler , ce sont ses expressions, *qu'il ne fallait louer que les morts.*

Extrait du Catalogue de Librairie

De Mellinet-Malassis.

DE la *Philosophie religieuse et morale, dans ses
rapports avec les lumières,* par M. ED. RICHER, —
1 V. in 8°. . . . . . Prix 2 fr.

Précis de l'Histoire de Bretagne, par le
même, --- 1 V. in 4°. 24

*Voyage pittoresque dans le département de
la Loire-Inférieure,* par le même,
--- 1 V. in 4°. 24

Etudes descriptives, par le même, for-
mant plusieurs brochures in 18, savoir:
*Du genre descriptif; Promenade sur la
rivière d'Erdre, de Nantes à Nort;
Promenade à Orvault, sur les rives du
Cens; Voyage à Clisson* (4e édition);
*Aspect pittoresque de l'Ile de Noir-
moutier* (2e édition); *Le Buron et
le Château de Blain.*

*Victor et Amélie, poëme suivi de poësies
diverses,* par le même --- 1 V. in 18. 2

L'Immortalité de l'âme, à M. Fouré, par
le même; --- Br. in 8° . . . . 50 c.

*Epitre à M. L. l*****, par le même
--- Br. in 12. . . . . . 50 c.

*Essai sur l'Origine des constellations an-
ciennes,* par le même, --- 1 V. in 8° 2

Traité historique, mathématique et com-
mercial du Calendrier. par M. J. Le
Boyer, --- 1 V. in 8º. 7
Anne de Bretagne, Reine de France,
par M. Trébuchet, --- 1 V. in 8º. 2
Précis historique, statistique et minéralo-
gique, sur Guérande, le Croisic et ses
environs, par M. Morlent, --- 1
V. in 8º. 3
Remarques sur l'agriculture et le com-
merce, intérieur du Bengale par M. R***
officier du génie; --- 1 V. in 8º. . . 2
Essai d'une méthode de géologie, par
M. Dubuisson; --- 1 V. in 8º. . 2
Du sentiment religieux dans son principe
et son application, par M. F. C de la
Roussière; --- 1 V. in 8º. . . 2 56 c.
Le Cheval et le Cavalier (petit traité
d'Equitation) --- 1 V. in 18.
Le Lycée Armoricain,
Journal littéraire, publié au commencement de
chaque mois par livraison de 6o à 8o pages in 8º;
prix 12 fr. par an.

(Mars 1823.)

CATALOGUE DES LIVRES

QUI SE TROUVENT

CHEZ RAYNAL, LIBRAIRE,

Rue Pavée-Saint-André-des-Arcs, n° 13,

A PARIS.

OUVRAGES PAR SOUSCRIPTION

LATINORUM POETARUM COLLECTIO.

(QUARANTE VOLUMES IN-18.)

Il existe de bonnes éditions de quelques-uns des poëtes latins, mais on n'en a point encore imprimé en France de collection complète; plusieurs même se trouvent à peine aujourd'hui séparément.

Les Barbous ne nous ont donné qu'un petit nombre de ces auteurs, et M. Lemaire ne nous en promet que quelques-uns dans sa bibliothèque latine.

1.

Nous avons donc pensé que la réimpression et la réunion des poëtes latins anciens dans un même format, élégant à la fois et portatif, pourroit être favorablement accueillie du public.

Notre collection, composée de plus de cin-QUANTE auteurs, ne dépassera pas QUARANTE volumes : nous nous engageons à fournir GRATIS aux souscripteurs les volumes qui excederoient le nombre indiqué.

LISTE DES AUTEURS
QUI COMPOSERONT CETTE COLLECTION (1).

AUSONIUS.	MARTIALIS.
AVIANUS.	NEMESIANUS.
AVIENUS.	OVIDIUS.
BOETHIUS.	PEDO ALBINOVANUS.
CALPURNIUS.	PERSIUS.
CAPELLA.	PETRONIUS.
CARMINA FAM. CÆSARÆ.	PHAEDRUS.
CATONIS DIRAE.	PLAUTUS.
CATONIS DISTICHA.	PORPHYRIUS.
CATULLUS.	PRISCIANUS.
CLAUDIANUS.	PROPERTIUS.*
COLUMELLA.	RUTILIUS TAURUS.
CORIPPUS.	RUTILIUS NUMATIANUS.
GRATIANUS.	SENECA.
HORATIUS.	SERENUS.
HYGINUS.	SEVERI ÆTNA.
INCERTI EPITOME ILIAD.	SEVERUS.
JUVENALIS.*	SIDONIUS APOLLINARIS.
LUCANUS.	SILIUS ITALICUS.
LUCILIUS.*	STATIUS.
LUCRETIUS.*	SULPITIA.
MANILIUS.	SYMPOSIUS.

(1) Les auteurs dont le nom est suivi d'un astérisque paroissent.

SYRUS.   VALERIUS FLACCUS.
TERENTIANUS.   VIRGILIUS.*
TERENTIUS.   Et alii Poëtæ minores.*
TIBULLUS.*

Il sera publié un volume par mois; les cinq premiers volumes sont en vente.

Le prix de chaque volume, imprimé sur papier CARRÉ FIN SATINÉ, est, pour les souscripteurs, de 3 fr., et 3 fr. 75 cent. franc de port par la poste.

Les volumes pris séparément coûteront 50 cent. de plus.

Le prospectus se distribue gratis.

POETAE ECCLESIASTICI.

(QUATRE VOLUMES *in-18*.)

Depuis long-temps les poètes ecclésiastiques n'ont point été réimprimés : ils manquent généralement aujourd'hui ; nous croyons rendre un véritable service aux amateurs de la poésie latine en les reproduisant dans un format portatif et élégant.

Cette collection, qui fait suite à celle des POÈTES LATINS ANCIENS que nous publions en ce moment, imprimée sur papier CARRÉ FIN SATINÉ, formera QUATRE volumes, qui paraîtront de mois en mois, et sera composée des auteurs suivans :

AMBROSIUS.   LIBERIUS.
AVITUS.   C. MARIUS VICTOR.
BELISARIUS.   PONTIUS PAULINUS.
CYPRIANUS.   PROBA FALCONIA.
DAMASUS.   PRUDENTIUS.
FORTUNATUS.   SEDULIUS.
HILARIUS.   TERTULIANUS.
HONORIUS.   M. VICTORINUS.
JUVENCUS.

Nous ne dépasserons pas le nombre des volumes indiqués.

Le premier volume, contenant Prudence, est en vente.

Le prix de chaque volume est de 3 fr., et 3 fr. 75 cent. par la poste.

Les volumes pris séparement coûteront 5o c. de plus.

Le prospectus se distribue gratis.

ANNÉE APOSTOLIQUE,

ou

MÉDITATIONS

POUR TOUS LES JOURS DE L'ANNÉE,

Tirées des Epîtres des Apôtres, de leurs Actes, et de l'Apocalypse de St. Jean;

Avec une Préface historique sur chaque Apôtre.

PAR M. L'ABBÉ DUQUESNE, ÉDITEUR DE L'EVANGILE MÉDITÉ.

NOUVELLE EDITION EN GROS CARACTÉRES, conforme à celle qui a été revue par M. l'abbé de Feller, et publiée en 1804 et années suivantes à Liége.

DOUZE GROS VOLUMES *in-12*.

Prix, broché : 15 fr.

Passé le 1er mai 1823, le prix sera porté à 24 fr.

(5)

ITINÉRAIRE,

ou

VOYAGES

DE M. L'ABBÉ DE FELLER

EN DIVERSES PARTIES DE L'EUROPE :

En Hongrie, en Transylvanie, en Esclavonie, en
Bohême, en Pologne, en Italie, en Suisse, en
Allemagne, en France, en Hollande, aux
Pays-bas, au Pays de Liége, etc.

OUVRAGE POSTHUME,

Dans lequel se trouvent beaucoup d'Observations
et de Réflexions intéressantes.

DEUX FORTS VOLUMES *in-8°*. PRIX : 10 fr.

Passé le 1er mai 1823, le prix sera porté à 15 fr.

Nota. Ces deux ouvrages sont en vente.

OUVRAGES

NOUVELLEMENT PUBLIÉS.

ECOLE DU JARDIN POTAGER, contenant la
description exacte de toutes les plantes pota-
gères, leur culture, les qualités de terre, les
situations et les climats qui leur sont propres,
leurs propriétés, les différens moyens de les
multiplier, le temps de recueillir les graines,
leur durée, etc. ;
Suivie du Traité de la culture des Pêchers, par
DE COMBLES : *sixième édition, mise en ordre,*

enrichie d'observations ; précédée d'une Notice sur De Combles et ses ouvrages , par M. Louis Du Bois, membre de plusieurs Académies et Sociétés agronomiques de Paris , des départemens et de l'étranger ; d'un des auteurs du *Cours complet d'agriculture*, etc. 3 forts vol. in-12, 1822 ; Prix : 8 fr.

PETIT COURS D'AGRICULTURE, ou Manuel du Fermier, contenant un Traité sur la physique agricole, la culture des champs, les animaux domestiques, les laiteries et la manière d'en utiliser les produits ; l'art vétérinaire, les différens modes de location, et la comptabilité d'une ferme. Par M. E.-B. de Lépinois, membre de la Société d'agriculture de Provins, correspondant de la Société royale et centrale de Paris, et du Conseil d'agriculture établi près du ministère de l'intérieur ; 1 vol. in-8°, 1821, Prix : 3 fr. 50 c.

Extrait des Tablettes universelles.

Cet ouvrage, classé méthodiquement, fruit d'une longue expérience, ne peut manquer d'être utile aux cultivateurs qui n'auraient pas toutes les connaissances préliminaires, et auxquels il manque souvent le temps nécessaire pour lire les ouvrages volumineux; celui-ci leur offre l'extrait de choses indispensable à connaître.

Il consiste tout entier en faits et en préceptes, basés d'un côté sur l'expérience, et de l'autre sur une théorie dont l'application doit produire les plus grands avantages. La manière de préparer les terres, de les juger, de les travailler chacune en son temps ; les instrumens dont il faut se servir, les bestiaux qu'il convient le mieux d'employer, le soin qu'il faut prendre de ces derniers, les qualités requises pour en faire le choix, leurs maladies, les re-

me des applications. Tout s'y trouve recueilli avec
ordre, précision et clarté. Un petit dictionnaire
chimique, qu'on trouve à la fin du volume, aide
beaucoup à la lecture, et sert à l'intelligence de
la plupart des faits et moyens qu'il présente.

PRATIQUE SIMPLIFIÉE DU JARDINAGE, à l'u-
sage des personnes qui cultivent elles-mêmes un
petit domaine contenant un potager, une pépinière, un verger, des espaliers, des serres, des
orangeries et un parterre; suivie de l'*Année du
Jardinier*, ou Travaux à faire pendant l'année
dans un jardin; par M. Louis Du Bois, membre
de plusieurs Académies françaises et étrangères,
l'un des collaborateurs du *Cours complet d'A-
griculture*, etc.; deuxième édition, augmentée d'un Traité sur la récolte et la conser-
vation des graines et le temps de leur durée;
et suivi de la manière de détruire les animaux et
les insectes nuisibles au jardinage. 1 vol. in-12,
1828. Prix: 2 fr. 50 c.

Cet ouvrage, simplifié et très-élémentaire, renferme dans un petit nombre de pages tout ce
qui concerne le jardinage, et peut diriger d'une
manière éclairée toutes les opérations de cet art
si intéressant. Il est tout-à-fait au niveau de la
science; bien différent en cela de ces recueils
volumineux, et toutefois incomplets, de vieilles
doctrines, de faux préceptes et de bévues com-
pilées sans goût et sans discernement dans des
livres surannés. Ce petit traité est très-complet;
les matières y sont classées avec méthode, traitées
avec clarté, et présentées dans un style simple et
pur. On peut donc regarder cette Pratique simplifiée comme le manuel de moins cher et le plus
complet que puissent se procurer les jardiniers
ainsi que les amateurs de la culture des jardins.

TRAITÉ DE LA CULTURE DES PÊCHERS,
par De Combles, 3e édition revue et corrigée;
précédé d'une Notice sur De Combles et ses

ouvrages, par M. Louis Du Bois, 1 vol. in-4°,
1822. Prix : 50 c.

TRAITÉ COMPLET DU CALENDRIER, considéré sous les rapports astronomique, commer-
cial et historique, dans lequel on trouve les
éphémérides de tous les peuples et de tous les
temps, avec des méthodes aisées pour passer
d'une date à une autre, par J. L. Boyer. 1 vol.
in-8°, avec planches ; 1822. Prix : 8 fr.

LEÇONS D'UN PÈRE A SON FILS, par M. Du-
val, ancien avocat, 1 vol. in-8°, avec une fig. ; 2e
édit. ; 1821. Prix : 5 fr.

Avec cette épigraphe :

Qu'il est heureux l'enfant qui possède un bon père !..
Où pourroit-il trouver un ami plus sincère !...

Cet ouvrage, intéressant sous tous les rapports,
est le fruit de la tendre sollicitude d'un père
vertueux et éclairé, qui annonce moins des pré-
tentions d'un auteur que celles d'un guide pru-
dent et sage. Le but de l'auteur est de préserver
un fils, son unique espérance, des écueils dont
la jeunesse est sans cesse environnée, et le con-
duire d'une main sûre dans le sentier de l'hon-
neur et de la vertu. Une épître en vers simples,
mais non dépourvus d'élégance, précède l'ouvrage, et en donne le plan ainsi que la conduite.

MANUEL DU LIMONADIER, DU CONFISEUR
ET DU DISTILLATEUR, contenant les meilleurs procédés pour préparer le Café, le Cho-
colat, le Punch, les Glaces, Boissons rafraî-
chissantes, Liqueurs, Fruits à l'eau-de-vie,
Confitures, Pâtes, Esprits, Essences, Vins
artificiels, Lochs, Juleps, Pâtisseries légères,
Bierre, Cidre, Eaux, Pommades et Poudres
cosmétiques, Vinaigres de ménage et de toi-
lette, distillation de toutes les différentes espèces
d'Eaux-de-vie, etc., etc., etc. Par M. Cardelli,

ancien chef d'office du duc de ***. Un gros
vol. in-18. Prix : 2 fr. 50 c.

MANUEL DE LA CUISINIÈRE de la ville et de
la campagne, précédé d'un Traité sur la dissec-
tion des viandes ; suivi de la manière de conserver les substances alimentaires, et d'un Traité
sur les vins. Par M. Cardelli, ancien chef d'office. 1 vol. in-18, orné de fig. 1822. Prix :
2 fr. 50 c.

MANUEL DU CHASSEUR ET DES GARDES-
CHASSE, contenant un Traité sur toutes les
chasses, les lois, ordonnances de police, etc. ;
par M. de Mersan ; nouvelle édit. 1 gros vol.
in-18, fig. et musique. Prix : 3 fr.

Une nouvelle édition, entièrement refondue,
de cet ouvrage, le rend aussi complet qu'un
chasseur peut le désirer ; et, comme l'a dit un
journal, rien n'y est oublié : avec ce volume
l'on est chasseur consommé.

VAUX – DE – VIRE, D'OLIVIER BASSELIN,
poète normand de la fin du XIVe siècle; suivis
d'un choix d'anciens vaux-de-vire, de bac-
chanales et de chansons, poésies normandes,
soit inédites, soit devenues excessivement rares.
Publiés avec des dissertations, des notes et des
variantes; par M. Louis Du Bois ; 1 vol. in-8°,
1821. Prix, papier ordinaire. . . . . 7 f.
papier vélin. . . . . 15 f.

VIE DE FÉNELON, archevêque de Cambray,
rédigée d'après l'Histoire de Fénélon de M. de
Bausset ; par F. J. L. 1 vol. in-12, 1822, avec
portrait. Prix : 2 fr. 50 c.

LES JEUNES HÉROÏNES CHRÉTIENNES, ou
vies édifiantes et traits d'histoire, dédiés aux
jeunes personnes. Par ****. 1 vol. in-18, avec fig.
1822. Prix : 1 fr. 50 c.

AGENDA PERPÉTUEL, Historique et Militaire,
dédié aux amis des sciences et des arts, et con-

tenant, jour par jour et à leurs anniversaires, les
éphémérides des événemens les plus remar-
quables de l'histoire universelle, depuis la naissance de Jésus-Christ jusqu'à nos jours, tels
que siéges, combats, victoires et batailles mé-
morables, inventions, découvertes, voyages,
traités de paix, naissances et morts de person-
nages fameux, etc.; 1 vol. in-18, sur coquille
fine, avec un frontispice gravé; relié en demi-
reliure à dos de maroquin, avec gousset, peau
d'âne et crayon. Prix : 2 fr.

ANNE DE BRETAGNE, Reine de France, avec
des notes sur plusieurs monumens de Nantes et
de la Bretagne, par M. Trébuchet. 2e édit.; 1
vol. in-8°, 1822. Prix : 2 fr.

ÉTUDE de la langue latine, précédée d'un
aperçu de l'origine, des progrès et des rapports
des langues latine et française; par Henri Ger-
main, avocat; in-12. Prix 1 fr. 50 c.

LETTRES ÉCRITES DE WURTZBOURG sur
les grands événemens qui y ont eu lieu en 1811,
par M. E.-G. Scharold, conseiller de légation,
relatives aux cures opérées par le Prince de
Hohenlohe; traduites de l'allemand par un curé
du diocèse de Nantes; suivies de plusieurs
lettres inédites; 1 vol in-12. Prix : 75 c.

LETTRES INÉDITES, pour faire suite aux lettres
écrites de Wurtzbourg, par M. E. G. Scharold,
et à plusieurs autres lettres inédites. In-12,
1822. Prix : 90 c.

LE CHEVAL ET LE CAVALIER, 1 vol. in-18.
Prix : 1 fr. (C'est un petit traité d'équitation et
des soins à donner aux chevaux.)

LE DUC D'ALENÇON, ou les frères ennemis;
tragédie en trois actes, par Voltaire. Ouvrage
inédit, publié pour la première fois, par
M. Louis Du Bois; brochure in-8°, 1821. Prix :
Pap. ord. 1 fr. 50 c,
Pap. vél. 3 fr.

CLISSON, 2ᵉ édition, 1 vol. in-18, 1822, 1 fr. 25 c.
(C'est la description du joli endroit de ce nom
appelé à juste titre le Tivoli français.)
PROMENADE SUR LA RIVIÈRE D'ERDRE, DE
NANTES A NORT, in-18, 1822, 60 c.
PROMENADE A ORVAULT, SUR LES RIVI-
RES DU CENS, in-18, 1822, 60 c.
VOYAGE A L'ABBAYE DE LA TRAPPE DE
MELLERAY, par M. Ed. Richer; 1 vol. in-18,
3ᵉ édit., 1821, 60 c.

ABRÉGÉ DE L'HISTOIRE SAINTE, par deman-
des et réponses, avec des preuves de la religion;
1 vol. in-12, cartonné, 75 c.
ABRÉGÉ DE L'ORIGINE DES CULTES, par
Dupuis, 1 vol. in-8°, 6 fr.
ANNUAIRE STATISTIQUE, HISTORIQUE ET
ADMINISTRATIF DU DÉPARTEMENT DE
L'ORNE, années 1808 à 1812, 12 fr.
ART DU TAUPIER, ou méthode amusante et in-
faillible pour prendre les taupes, suivant les pro-
cédés d'Aurignac, par Dralet, broch. in-8°. 60 c.
ATLAS DE GÉOGRAPHIE, par l'abbé Gautier,
neuf, 15 fr.

AVENTURES DE TÉLÉMAQUE, fils d'Ulysse,
par M. de Fénélon, archevêque de Cambrai;
édition très-correcte, à laquelle on a joint un
dictionnaire de géographie ancienne et de mythologie; 2 vol. in-8°, avec 25 fig., 6 fr.
BON JARDINIER (le), almanach pour l'année
1823; par MM. Pirolle, Vilmorin et Noisette,
avec planches, 1 vol. in-12, 8 fr.
FIGURES POUR L'ALMANACH DU BON JAR-
DINIER, 4ᵉ édit., augmentée de cinq planches,
1 vol. in-12, fig. noires, 3 fr.
Id., figures coloriées, 7 fr. 50 c.
CALENDRIER DU CULTIVATEUR, contenant

tout ce qu'il est essentiel de savoir pour l'acquisition, la régie, l'amélioration et l'exploitation d'une ferme, soit comme propriétaire, soit comme locataire; par Bastien, auteur de la Nouvelle Maison rustique, 1 vol. in-12, 3 fr.

CATECHISME HISTORIQUE, contenant en abrégé l'histoire sainte, et la doctrine chrétienne; par Fleury, 1 vol. in-18, cartonné, 60 c.

CATECHISME HISTORIQUE, contenant en abrégé l'histoire sainte et la doctrine chrétienne; par l'abbé Fleury, prieur d'Argenteuil, et confesseur du roi; 1 vol. in-12. *Paris*, 2 fr.

COMPTES FAITS DE BARREME, en livres, sous et deniers, 1 vol. in-12, 2 fr. 50 c.

CONFISEUR (le) ROYAL, ou l'art du confiseur dévoilé aux gourmands; contenant la manière de faire les confitures, marmelades, compotes, dragées, pastilles, etc.; des instructions sur la distillation; divers articles concernant l'office; enfin des recettes d'économie domestique pour faire toutes sortes de vinaigres et les aromatiser, etc.; par madame Utrecht-Friedel; cinquième édit., 1 vol. in-12, orné de 3 pl., 3 fr.

CONNAISSANCE DE LA MYTHOLOGIE, nouvelle édition, augmentée de traits d'histoire, par demandes et réponses; 1 vol. in-12, 2 fr. 50 c.

CONSIDERATIONS SUR LA GRANDEUR DES ROMAINS ET SUR LEUR DECADENCE, par Montesquieu; 1 vol. in-18, 2 fr. 50 c.

CONSIDERATIONS PRATIQUES SUR LE TRAITEMENT DE LA GONORRHEE VIRULENTE, et sur celui de la vér...; par M. Fréteau; 1 vol. in-8°, 5 fr.

CONTES MORAUX, anciens et nouveaux, par Marmontel, nouvelle édition, à laquelle on a ajouté les Promenades en Sicile et le Petit voyage; précédés de l'Eloge de Marmontel, par l'abbé Morellet; 6 vol. in-18, 6 figures, 10 fr.

DÉFENSE DE L'ORDRE SOCIAL contre les principes de la révolution française, par J.-B. Duvoisin. Nouvelle édition; 1 vol. in-8°, 4 fr.

DE LA PRATIQUE DE L'AGRICULTURE, ou recueil d'essais et d'expériences dont le succès est constaté par des pièces authentiques, publié par Nicolas Donette Richardot, 1 gros vol. in-8°, 6 fr.

DÉVOTION AU SACRÉ CŒUR DE NOTRE SEIGNEUR J.-C., établie dans les communautés, éditions à laquelle on a ajouté une pratique de dévotion pour honorer le sacré cœur de Marie; 1 vol. in-12, 2 fr. 50 c.

DIALOGUES SUR L'ÉLOQUENCE, par Fénélon; 1 v. in-12, 2 fr. 50.

DICTIONNAIRE DE LA FABLE, par Chompré; 1 gros vol. in-18, 2 fr.

DIEU EST L'AMOUR LE PLUS PUR, ou prières et contemplations, par M. d'Eckartshausen, traduction nouvelle de l'allemand; 1 vol. in-18, fig., 1 fr. 80 c.

DISCOURS DU CHANCELIER D'AGUESSEAU, 1 vol. in-12, 2 fr. 50 c.

DISSERTATION SUR CETTE QUESTION, proposée par la Société d'agriculture, sciences et arts, de Provins : PROVINS EST-IL L'AGENDICUM DES COMMENTAIRES DE CÉSAR ? par M. Barrau, docteur en médecine; 1 vol. in-12, orné d'un plan de Provins, 2 fr.

ÉCOLE DU JARDIN FRUITIER, par M. Labretonnerie, dans laquelle on trouve l'origine des arbres fruitiers, les terres qui conviennent à chacun d'eux, le moyen de les leur approprier, et de corriger les plus mauvaises; le choix de ses arbres, leurs plantation et transplantation, les pépinières, les différentes sortes de greffes, le temps et la manière pour les bien faire, la taille et les formes que l'on peut donner aux arbres fruitiers, le temps et la manière de les ébourgeonner, leurs maladies et accidens, etc. ; la culture particulière de chaque espèce, les usages et propriétés de leurs fruits et de leurs bois, enfin le journal de tous les ouvrages à faire dans le jardin fruitier pendant le cours de l'année. Nouvelle édition, corrigée et augmentée par l'auteur du Bon Jardinier; 2 gros vol. in-12, de 600 et 700 pages, 7 fr.

ECOLE DES MOEURS, ou réflexions morales et historiques sur les maximes de la sagesse ; par Blanchard ; 3 vol. in-12, ornés de figures ; 9 fr.

ELEMENS DE LA LANGUE ANGLAISE, ou méthode pratique pour apprendre facilement cette langue, par Siret, nouvelle édition, et la plus complète, revue et corrigée par Poppleton ; 1 vol. in-12, *Paris*, 1826, 2 fr.

ELEMENS DE LA GRAMMAIRE LATINE DE LHOMOND, édition très-correcte, 1 vol. in-12, cartonné, 1 fr. 20 c.

ELEMENS DE LA GRAMMAIRE FRANÇAISE DE LHOMOND, édition très-correcte ; 1 vol. in-12, 50 c.

ELEMENS D'HISTOIRE NATURELLE, par Bertin; 1 vol. in-12, 2 fr. 50 c.

ELEMENS DE GEOGRAPHIE, par de même ; 1 vol. in-12, 2 fr. 50 c.

ELEMENS D'AGRICULTURE, par Duhamel du Monceau ; 2 vol. in-12 reliés, 1762, 5 fr.

ENFANCE DES GRANDS HOMMES, dédiée à l'adolescence ; 1 vol. in-18, 2e édit., 1 fr. 50 c. Ce petit ouvrage, orné de six jolies figures, est propre à être donné en étrennes; l'exécution en est très-soignée.

EPITOME HISTORIÆ SACRÆ, ad usum tyrohum linguæ latinæ, auctore C.-F. Lhomond ;

nouvelle édition ; 1 vol in-18, avec dictionnaire, cartonné, 75 c.

— Le même, en français, 75 c.

— Le même, latin-français, 1 fr. 25 c.

ESPIEGLERIES DE L'ENFANCE, ou l'indulgence maternelle ; contes et historiettes propres à être données aux enfans de l'âge de six à huit ans ; par madame de Renneville, auteur d'un grand nombre d'ouvrages d'éducation ; 1 vol. in-18, orné de 4 jolies fig. en taille-douce, 1 fr. 50 c.

ESSAI D'UNE METHODE GEOLOGIQUE , ou traité abrégé des roches, par M. Dubuisson, professeur et conservateur du museum d'histoire naturelle de la ville de Nantes, etc. ; 1 vol. in-8°, 2 fr.

ETRENNES D'ECONOMIE RURALE ET DOMESTIQUE POUR 1822 , contenant des anecdotes, des morceaux d'agriculture, de morale , de médecine , de pharmacie , etc. , etc. , 1 fr. 25 c.

EVANGILE MEDITE , distribué pour tous les jours de l'année, suivant la concorde des quatre évangélistes, par le P. Duquesne; 8 vol. in-12, 20 fr.

FABLES de Lafontaine , avec une figure à chaque fable ; 2 volumes in-12 , 6 fr.

— Les mêmes, 2 vol. in-18, 3 fr. 50 c.

FABLES DE LAFONTAINE , avec des notes par le P. Jouvency ; in-12, fig., 2 fr.

FABLES CHOISIES, mises en vers par Lafontaine, nouvelle édition, revue avec soin, et augmentée de nouvelles notes essentielles à l'intelligence du texte ; 2 parties in-12 , 1 fr. 50 c.

FABLES DE FLORIAN , 1 vol. in-18, 1 fr.

FEMMES (les), leur condition et leur influence dans l'ordre social chez les différens peuples

anciens et modernes , par le vicomte de Ségur;
3 vol. in-18, grande justification; nouvelle édition , à laquelle on a ajouté un quatrième vol.,
intitulé: de la Condition des femmes sous l'empire et depuis la restauration , par M. F. R***,
avocat; 4 vol. in-18, ornés de 6 gravures, et de
couvertures imprimées. *Paris*, 1822 , 7 fr.

FLORE (la) JARDINIERE, avec 9 grandes planches
représentant un nombre considérable d'objets
intéressans, depuis la germination des plantes,
jusqu'à leur fructification. par J.-F. Bastien. Paris, 1811 ; 1 fort vol. in-18, 5 fr.

FORETS (les) DE LA FRANCE ; leurs rapports
avec les climats , la température et l'ordre des
saisons , avec la prospérité de l'agriculture et
l'industrie ; par M. le baron Rougier de la Bergerie ; 1 vol. in-8°, 6 fr.

GEORGIQUES FRANÇAISES , poème; par M. le
baron Rougier de la Bergerie ; 2 vol. in-8°, 8 fr.

GRAMMAIRE DE LA JEUNESSE , par Jégou,
professeur du collége de Nantes ; 1 vol. in-8°,
5e édition , 2 fr.

GRAMMAIRE FRANÇAISE DEMONSTRATIVE,
par J. N. Blondin, 8e édition in-8°, 1822. 2 fr.

GRAMMAIRE LATINE DEMONSTRATIVE,
comparée par analogies avec le français, dédiée au
Roi, par J. N. Blondin; 1 vol. in-8°, 1822, 3 f.

HISTOIRE DE LA VIE PRIVEE DES FRAN-
ÇAIS SOUS LES TROIS RACES , ou mœurs
coutumes et usages des Français dans les différens temps de la monarchie, ouvrage rédigé d'après Legrand d'Aussy et autres autori-
tés; 1 gros vol. in-12, orné de 26 planches,
4 fr.

HISTOIRE DES NAUFRAGES , ou recueil des
relations les plus intéressantes des naufrages ,
nouvelle édition, par M. Eyriès, 3 gros vol.
in-12 , 6 figures , 1821, 9 fr.

HISTOIRE DES REVOLUTIONS D'ESPAGNE, depuis la destruction de l'empire des Goths, jusqu'à l'entière et parfaite réunion des royaumes de Castille et d'Arragon en une seule monarchie ; par le P. d'Orléans ; revue, continuée et publiée par les Pères Rouillé et Brumoy ; nouvelle édition, 5 vol. in-12, 10 fr.

HISTOIRE DES CHEVALIERS DE MALTE, par Vertot ; 5 vol. in-12, 10 fr.

HISTOIRE DU CHEVALIER BAYARD, par Guyard de Berville ; 1 vol. in-12, 2 fr. 50 c.

HISTOIRE DE HENRI IV, par Péréfixe ; 1 vol. in-12, 2 fr. 50 c.

HISTOIRES EDIFIANTES ET CURIEUSES, par Baudrand ; 1 vol. in-12, 2 fr.

HISTOIRE DE THEODOSE - LE - GRAND, par Fléchier, 1 vol. in-12, Reims, 1808, 2 fr. 50 c.

HISTOIRES ET PARABOLES DU P. BONAVENTURE, 1 vol. in-18, 1 fr.

HISTOIRE DE L'AGRICULTURE FRANÇAISE, précédée d'une Notice sur l'empire des Gaules, et sur l'agriculture des Anciens ; par M. le baron Rougier de la Bergerie ; 1815, 1 vol. in-8°, 6 fr.

HISTOIRE DES PLANTES QUI NAISSENT AUX ENVIRONS DE PARIS, par Pitton Tournefort, 2e édition, revue par Bernard de Jussieu ; 2 vol. in-12, reliés, 1725, 5 fr.

IMITATION DE J.-C., par Gonnelieu, avec les prières du matin et du soir, la messe, les vêpres, etc. ; 1 vol. in-18, 1 fr. 25 c.

IDÉES SUR LE CODE RURAL, par C.-J. L..., ex-sous-préfet ; 1821, broch. in-8°, 1 fr.

JARDINIER (le) fleuriste, ou culture des fleurs, arbres, etc. par Liger, 1821 ; 1 vol. in-12, avec figures, 3 fr.

JOSEPH, poème en deux chants, par Bitaubé; nouvelle édition, [...]
déplaisir de ne le [...]

LEÇONS ÉLÉMENTAIRES SUR L'HISTOIRE ROMAINE, à l'usage de la jeunesse, par Engrand, 1 vol. in-12, cartonné, 1 fr.

LEÇONS ÉLÉMENTAIRES SUR LA MYTHO-LOGIE, suivies d'un traité sommaire de l'apologue ou de la fable, à l'usage de la jeunesse, par Engrand, 1 volume in-12, cartonné, 1 fr. 50 c.

LEÇONS ÉLÉMENTAIRES SUR L'HISTOIRE ANCIENNE, à l'usage de la jeunesse, par Engrand ; nouvelle édition, 1819, in-12, cartonné, 1 fr. 75 c.

LEÇONS ÉLÉMENTAIRES SUR L'HISTOIRE DE FRANCE, depuis le commencement de la monarchie, jusqu'à la restauration du trône légitime et du gouvernement de Louis XVIII, 1814, exclusivement à l'usage de la jeunesse, par Engrand ; 4e édition, 1821, 1 vol. in-12, cartonné, 2 fr. 25.

LETTRES CHOISIES DE MADAME DE SEVIGNE, 3 vol. in-18, Paris, 1813, 3 fr.

LETTRES DE MADAME DE SEVIGNE à sa fille et à ses amis ; 12 vol. in-18, 15 fr.

LIAISONS DANGEREUSES (les), lettres recueillies dans une société ; 4 vol. in-8, 6 g. 15 fr.

LOIS DES BATIMENS DE DESGODETS, 2 vol. in-8° stéréotype. 9 fr.

MAISON RUSTIQUE (la nouvelle), 3 vol. in-4°, fig., 50 fr.

MAITRE (le) D'ANGLAIS, ou grammaire anglaise par Cobbett; nouvelle édition, avec des notes de Poppleton; suivi des élémens de la conversation anglaise, par John Perrin; 1 vol. in-12, 3 fr. 56 c.

MANUEL DES JARDINIERS, ou guide des travaux à faire dans les jardins pendant le cours de l'année; 1 vol. in-18, 3e édition (1819), 3 fr.

MANUEL DES JUSTICES DE PAIX , ou Traité
des instructions des juges de paix , etc. ; par
Legasseur, ancien jurisconsulte; 1 vol. in-8°,
4° édition , 1822 , 7 fr.

MANUEL DES MAIRES, de leurs adjoints et
des commissaires de police , contenant, par ordre alphabétique, le texte ou l'analise des lois,
ordonnances, réglemens et instructions minis-
térielles, relatifs à leurs fonctions et à celles
des membres des conseils municipaux ; des offi-
ciers de gendarmerie, des bureaux de bienfai-
sance , des commissions d'hospices, etc. , avec
les formules des actes de leur compétence ;
par M. Dumont, 7° édition, entièrement refondue et considérablement augmentée ; 2 gros vol.
in-8° , 13 fr.

MANUEL POUR LA CONCORDANCE DES CA-
LENDRIERS RÉPUBLICAIN ET GRÉGO-
RIEN ; 3° édition , 1 vol. in-12 ; 1 fr. 50 c.

MORALE EN ACTION, ou élite de faits mémo-
rables et d'anecdotes instructives; 1 vol. in-12 ,
figures , 3 fr.

OEUVRES CHOISIES ou chefs - d'œuvres de
Colardeau , de l'Académie française; 1 vol.
in-18 , portrait, 1 fr. 50 c.

OEUVRES COMPLETES DE GILBERT, con-
tenant ses satires du 18° siècle , Didon à Enée ,
Héroïde, ses autres poésies et ouvrages en prose ;
4° édition, 1 vol. in-18, 1 fr. 25 c.

OEUVRES DE BOILEAU DESPREAUX, à l'usage
des colléges ; 1 vol. in-18, bonne édit., 1 f. 50 c.

OEUVRES EROTIQUES ET MORALES, ou va-
riétés littéraires de De Pezai ; précédées d'un
discours sur sa vie et ses ouvrages, cinquième
édition , 2 vol. in-18 , 1800 , 3 fr.

OEUVRES LITTERAIRES ET CHOISIES DE
LEFRANC DE POMPIGNAN , de l'Académie

française; 2 vol. in-12, avec une gravure, 1802, 2 fr.

OEUVRES POÉTIQUES DE THOMAS, de l'Académie française; seule édition complète; 1 vol. in-12, 1 fr. 25 c.

ORAISON FUNÈBRE DU DUC DE BERRY, prononcée au service de l'association des chevaliers de Saint-Louis, en l'église cathédrale de Nantes, le 22 mars 1820, par le R. P. Antoine; cinquième édit., 1822, brochure in-8°, 60 c.

PARFAIT (le) AGRICULTEUR, ou Dictionnaire portatif et raisonné d'agriculture, contenant les nouvelles inventions et découvertes faites dans cet art; ouvrage rédigé d'après l'expérience et les avis des agriculteurs les plus célèbres, et les traités les plus modernes dans ces parties; par Cousin d'Avalon; 2 vol. in-12, 5 fr.

PARFAIT (le) BOUVIER, ou instructions concernant la connaissance des bœufs et vaches, leur âge, maladies et symptômes, avec les remèdes les plus expérimentés propres à les guérir; augmenté de deux petits Traités pour les moutons et porcs, ainsi que plusieurs remèdes pour les chevaux; par M. B...; nouvelle édit., 1 vol. in-12, 1819, 2 fr.

PETIT CARÊME DE MASSILLON; 1 gros vol. in-18, 1 fr. 50 c.

PETITES ETUDES DE LA NATURE, ou entretiens récréatifs d'une mère avec ses filles, etc.; 1 vol. in-18, 4 figures, 1822, 1 fr. 50 c.

LE PETIT PHILIPPE, ou l'émulation excitée par l'amour filial; par madame *de Rénneville*; 1 vol. in-18, orné de quatre jolies vignettes, gravées par M. Huot, d'après les dessins de M. Victor Adam, 1 fr. 50 c.

Cet ouvrage est destiné aux enfans de dix à quatorze ans. On y reconnaîtra aisément la plume de l'auteur des *Jeunes personnes*, de *Char-*

les et Eugénie, et de tant d'autres productions agréables et morales.

PHILOSOPHIE (de la) RELIGIEUSE ET MORALE DANS SES RAPPORTS AVEC LES LUMIERES, par M. Ed. Richer ; 1 vol. in-8°, 1 fr. 25 c.

PHILOSOPHIE DE LA JEUNESSE ; 1 vol. in-18, 75 c.

PRÉCIS HISTORIQUE, STATISTIQUE ET MINÉRALOGIQUE, sur Guérande, le Croisic et leurs environs ; précédé d'un abrégé de l'histoire de Bretagne, jusqu'à la réunion de cette contrée au royaume de France, avec une carte de l'ancien territoire de Guérande ; par J. Morlant ; 1 vol. in-8°, 2 fr. 50.

PRINCIPES DE LA LANGUE FRANÇAISE, par Engrand ; 1 vol in-12, 1 fr.

PROSODIE FRANÇAISE, par M. l'abbé d'Olivet ; simplifiée et augmentée par M. Charles François L'homond, suivie de quelques observations grammaticales ; in-18, 40 c.

REMARQUES SUR LA CULTURE ET LE COMMERCE INTERIEUR DU BENGALE ; traduit de l'anglais, de M. Colebrook, par M. R***, officier du génie ; 1 vol. in-8°, 2 fr.

RUTH ET NOEMI, ou les deux veuves, sujet épisodique, par M. Keratry ; 1 vol. in-18, avec 4 figures, 2 fr.

TABLEAU DE L'AMOUR CONJUGAL, par Nicolas Venette, docteur en médecine ; nouvelle édition, ornée de 12 figures ; 2 vol. in-12, 5 fr.

TAILLE RAISONNÉE DES ARBRES FRUITIERS, et autres opérations relatives à leur culture, par Butret ; 1 vol. in-8°, 2 fr. 25 c.

TRAITE DE L'AUTORITE DES DEUX PUISSANCES, par M. feu l'abbé Pey, chanoine de la métropole de Paris, nouvelle édition, conforme aux précédentes, 4 vol. in-8°, 20 fr.

TRAITÉ DE L'AMOUR DE DIEU, par saint François de Sales, publié par M. l'abbé Tricalet, auteur de la bibliothèque portative des Pères de l'Église, et autres ouvrages; 1 vol. in-12; 2 fr.

TRAITÉ DE LA CULTURE DES ARBRES FRUITIERS, traduit de l'anglais, de Forsyth; 1 vol. in-8°, fig., 7 fr. 50 c.

TRAITÉ ÉLÉMENTAIRE SUR L'EMPLOI LÉGITIME ET MÉTHODIQUE DES EMISSIONS SANGUINES DANS L'ART DE GUÉRIR, avec application des principes à chaque maladie; par M. Préteau; 1 vol. in-8°, 1816, 5 fr.

TRAITÉ DU CUBAGE DES BOIS, ou nouveaux tarifs pour cuber les bois carrés ou de charpente, etc.; par Herbin Dehalle; 1 gros vol. in-12, avec fig., 5 fr.

VERT-VERT, poëme, suivi de sa critique, comédie en un acte, du Lutrin vivant et du Carême impromptu, par Gresset; 1 volume in-18, 1822, fig., 1 fr.

VICTOR ET AMILIE, poëme en quatre chants, suivi de poésies diverses; par Éd. Richer; 1 vol. in-18, 1 fr. 25 c.

VIE DE FAUBLAS, par Louvet de Couvray; 8 vol. in-18, fig., 8 fr.

VIE DE L'EMPEREUR JULIEN, par l'abbé de la Bleterie; nouvelle édit., 1 vol. in-12, 2 fr.

VISITES AU SAINT SACREMENT ET A LA SAINTE-VIERGE POUR CHAQUE JOUR DU MOIS, par Mgr. Alphonse de Liguori; 1 vol. in-32, relié; 1 fr.

VOCABULAIRE (Nouveau) FRANÇAIS, de Wailly, 10e édit., 1 vol.-8°, 7 fr.

Ouvrages de **M. LEQUIEN**, *Professeur de Grammaire.*

GRAMMAIRE FRANÇAISE ÉLÉMENTAIRE, à la portée des personnes qui n'ont aucune no-

tion des principes de cette langue; 3e édition,
1 vol. in-12, 1 fr. 50 c.

TRAITÉ de la conjugaison des verbes, pouvant
servir de supplément à la plupart des grammaires
élémentaires qui ont paru jusqu'à ce jour, 7e
édition, 1 vol. in-12, 1 fr. 25 c.

CONCORDANCE des temps des verbes, et parti-
culièrement des temps du subjonctif, 5e édition,
1 vol. in-12, 1 fr. 25 c.

TRAITÉ DES PARTICIPES, ouvrage utile à
toutes les personnes jalouses de vaincre l'une
des plus grandes difficultés de l'orthographe
française; 11e édition, 1 vol. in-12, 1 fr. 25 c.

TRAITÉ DE LA PONCTUATION, contenant
plus de 500 exemples, divisés en 12 chap.; 5e
édition, 1 vol. in-12, 1 fr. 25 c.

VOCABULAIRE des Homonymes français; 1 vol.
in-12, 2 fr. 50 c.

ÉLÉMENS D'ARITHMÉTIQUE, divisés en six
parties : Calcul des nombres entiers, Calcul des
fractions, Calcul des nombres complexes, Calcul des fractions décimales, Proportions, Solu-
tions de plusieurs problèmes; 1 vol. in-8e,
3 fr.

LES PREMIÈRES NOTIONS DE LA GRAM-
MAIRE FRANÇAISE, ou exercice sur les parties du discours; 1 vol. in-12, 1 fr. 25 c.

CACOGRAPHIE rangée dans un nouvel ordre;
1 vol. in-12, 1 fr. 25 c.

CORRIGÉ DE CETTE CACOGRAPHIE; 1 vol.
in-12, 1 fr. 25 c.

Ouvrages de calcul de M. J. A NOIRET, *employé à la Banque de France.*

TARIF DE L'ESCOMPTE à 5 p o/o par an; 2e édit.
1 vol. in-12, broché, 1 fr. 50 c.

TARIFS de la valeur en francs des anciennes pièces
d'or et d'argent, suivant les décrets des 18 août

et 12 septembre 1811, an 19 révolutionnaire, broché, avec un tableau, 60 c.

TARIF GENERAL des anciennes monnaies en francs, 1 vol. in-18, broché 30 c.

NOUVEAU TABLEAU de réduction des aunes en mètres ; 1 vol. in-8°, br. 1 fr. 50 c.

TARIF ou Compte-Faits de multiplication et de division en francs, nouveau Barreme décimal, présentant 126,600 comptes-faits, dont 108,000 comptes-faits de multiplication et 18,600 de division, qui n'exigent aucun calcul et qu'une simple recherche ; et, par la réunion seulement de deux produits, 8 milliards 13 millions 726 mille 700 comptes-faits divers, très-faciles à obtenir, soit en francs ou en toute autre espèce de monnaies, poids ou mesures nouveaux ou anciens, français ou étrangers, etc. etc. 1 vol. in-8° de 284 pages. Prix : broché, par ordre, 5 fr. ; cartonné et demi-reliure, 6 fr. ; basanne, 6 fr. 50 c. ; en veau et papier fin, 9 fr.

TABLEAU du taux de l'intérêt à tant du cent par an, et du produit de 100 francs par an, suivant chaque cours des cinq pour cent consolidés, 1 vol in-12 de 84 pages, dont 60 en tableaux ; broché, beau papier, 1 fr. 25 c.

ALBUM des négocians ; 1 vol. in-12 de 15 feuilles et demie d'impression. Prix : broché, 4 fr. ; cartonné, 5 fr. ; relié, 6 fr.

De l'Imprimerie de DEMONVILLE, rue Christine, n° 2.